새김과 서예를 만나다

한문명구

새김과 서예를 만나다

한문명구

金泰洙 刻/書/譯

한국학술정보㈜

머리말

한국과 중국의 漢文古典(한문고전)에서
가려 뽑은 70여 편에서
漢文名句(한문명구)를 추출하여
돌에 새기고
원문은 다양한 한문서체로
풀이는 한글 서간체로 썼다.
명구가 담긴 명문장과
전각·한문·한글서예의 만남이다.

삶의 지혜가 오롯이 담긴
명구에 감명받고
書香(서향)에 취하자는 뜻으로 출발하여
전각·한문·한글서예를
화선지에 어울려 보았지만
선현의 지혜가 농축된 명구는 여전히 감명을 주지만
文字(문자)를 소재로 하는 조형예술의 한계와
不敏不才(불민부재)의 탓에 서향은 미미하나
오늘의 작업이 또 내일의 무언가를
孕胎(잉태)하여 줄 것으로 위안 삼아 본다.

명구를 새기고 쓰며
내용을 음미하는 순간은 행복이었다.
명구를 돌에 새겼듯
최영 장군이 황금 보기를 돌같이 하라는
見金如石(견금여석)이란 네 글자를
평생 가슴에 새겨 잊지 않았듯
가슴에 와 닿는 명구를 간직하고
아울러 서향도 즐긴다면
삶을 풍요롭게 만드는 활력이 될 것이다.

2014년 8월
인사동 一隅(일우)에서
畔松 金 泰 洙

목차

1. 改過不吝개과불인

허물 고치기를 인색하지 말라

將修己 必先厚重以自持 厚重知學 德乃進而不固矣
忠信進德 惟尙友而急賢 欲勝己者親 無如改過之不吝. ≪近思錄≫

將修己	장차 자신을 닦으려면
必先厚重以自持	반드시 먼저 중후하여 자신을 지켜야 하니
厚重知學	중후하면서 배울 줄 알아야
德乃進而不固矣	덕이 이에 진전되어 고루하지 않을 것이다.
忠信進德	충신忠信하여 덕을 진전시킴은
惟尙友	오직 책을 통해 성현과 벗하고
而急賢	어진 이와 사귐을 급히 여기는 것이요
欲勝己者親	자기보다 나은 자와 친하고자 한다면
無如改過之不吝	허물을 고치기를 인색하지 않는 것만 한 것이 없다.

▸ 尙友(상우) 책을 통하여 현인賢人이나 고인古人을 벗 삼음.

▸ 改過不吝(개과불인) 허물을 고침에 인색하지 않음.

▸ 近思錄(근사록) 중국 송宋나라의 주희朱熹와 여조겸呂祖謙이 엮은 책. 주돈이周敦頤, 정호程顥, 정이程頤, 장재張載 등의 책에서 뽑아 편찬함.

將修己必先厚重以自持厚重知學德乃進而
又固矣忠信進德惟尚友而急賢於勝己者觀
無如改過之不吝 近思錄句甲午夏畔邨

장차 자신을 닦으려면 반드시 중후하며 자신을 지켜야 하니
중후하면서 배울 줄 알아야 덕이 이에 진전되어 고록 하지않을
것이다 충신하면서 덕을 진전시킴은 오직 책을 통해 성현과 벗
하고 어진 이와 사침을 급히여기는 것이오 자기보다 나은 자와 친하고자
한다면 허물을 고치기를 인색하지 않는 것만 한 것이 없다

改過不吝 개과불인

27×45cm

2. 見金如石 견금여석

황금 보기를 돌같이 하라

崔鐵城瑩少時　其父常戒之曰　見金如石　瑩常以四字書諸紳　終身服膺而勿
失　雖秉國政　威行中外　而一毫不取於人　家纔足食而已. 《慵齋叢話》

崔鐵城瑩少時	철성부원군鐵城府院君 최영이 어릴 때에
其父常戒之曰	그의 아버지가 늘 그에게 훈계하면서 말하기를
見金如石	"황금 보기를 돌같이 하라" 하니
瑩常以四字書諸紳	최영이 항상 이 네 자를 띠에 써서
終身服膺而勿失	죽을 때까지 가슴에 새겨 잃지 않았다.
雖秉國政	비록 국정을 잡고
威行中外	위엄이 나라의 안팎에 떨쳤으나
而一毫不取於人	한 터럭도 남에게서 취함이 없었고
家纔足食而已	집안은 겨우 먹는 것에 족할 뿐이었다.

▸ 見金如石(견금여석) 황금 보기를 돌같이 하라. 즉 욕심의 절제를 이름.

▸ 崔瑩(최영 1316~1388) 고려 말 명장·재상. 본관 동주東州, 시호 무민武愍.

▸ 慵齋叢話(용재총화) 조선 초 성현成俔(1439~1504)이 지은 잡록雜錄.

12

崔鐵城瑩少時其父常戒之曰見金如石瑩常
以四字書諸紳 終身服膺而勿失雖秉國政威行
中外而一毫不取於人家纔足食而已 畊石圖

崔鐵城瑩少時 其父常戒之曰見金如石瑩常以四字書諸紳

천성부원군 최영이 어린 때에 그의 아버지가 늘 훈계하며 말하기를
황금 보기를 돌같이 하라 하니 최영이 항상 이 네글자를 띠에 써서
죽을 때까지 가슴에 새겨 잊지 않았다 비록 국정을 잡고 위엄이 나
라의 안과 밖에 떨쳤으나 한 터럭 이와도 취하지 않았고 집안은
겨우 먹을 것에 족할 뿐이었다 갑오년 봄 반송 김태수 圖 圖

見金如石 견금여석   30×55cm

3. 見賢思齊 견현사제

어진 이와 같아지기를 생각하라

子曰 見賢思齊焉 見不賢而內自省也. ≪論語≫

子曰	공자께서 말씀하셨다.
見賢思齊焉	"어진 이의 행동을 보면 그와 같아지기를 생각하며
見不賢	어질지 못한 이의 행동을 보고는
而內自省也	안으로 자신을 살펴보아야 한다."

▸ 見賢思齊(견현사제) 어진 이의 행동을 보면 그와 같아지기를 생각함.

▸ 自省(자성) 스스로 반성함.

▸ 論語(논어) 사서四書의 하나. 공자孔子(BC. 551~479)의 언행, 제자들의 문
답 등을 수록한 책. 제자들이 기록한 것을 근거로 한漢나라 때에 집대성
함. 학이學而·위정爲政·팔일八佾·이인里仁·공야장公冶長·옹야雍也·
술이述而·태백泰伯·자한子罕·향당鄕黨·선진先進·안연顔淵·자로子
路·헌문憲問·위령공衛靈公·계씨季氏·양화陽貨·미자微子·자장子張·
요왈堯曰 등 20편으로 구성됨.

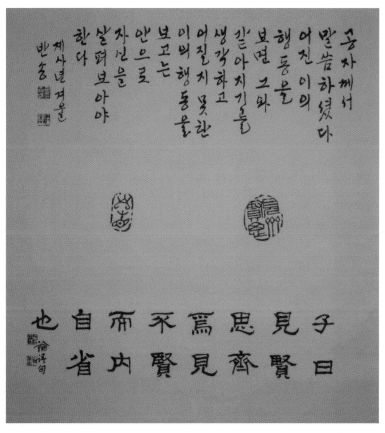

공자께서
말씀하셨다
어진이의
행동을
보면 그와
같아지길를
생각하고
어질지 못한
이의 행동을
보고는
안으로
자신을
살펴보아야
한다

계사년 겨울
반송 □□

見賢思齊 견현사제　　　　　　　　　32×35cm

子
見賢
思齊
焉
見不
賢而
內自
省
也

4. 孤雲野鶴고운야학

외로운 구름과 들의 학

山居 胸次淸洒 觸物皆有佳思 見孤雲野鶴 而起超絶之想 遇石澗流泉 而動
澡雪之思 撫老檜寒梅 而勁節挺立 侶沙鷗麋鹿 而機心頓忘. ≪菜根譚≫

山居	산속에 살면
胸次淸洒	가슴이 맑고 시원하니
觸物皆有佳思	접촉하는 사물마다 모두 아름다운 생각이 드니
見孤雲野鶴	외로운 구름과 들의 학을 보면
而起超絶之想	세속을 초월한 생각이 떠오르고
遇石澗流泉	바위 틈에 흐르는 샘을 만나면
而動澡雪之思	깨끗이 씻고 싶은 마음이 일며
撫老檜寒梅	늙은 전나무와 차가운 매화를 어루만지면
而勁節挺立	굳센 절개가 우뚝 솟고
侶沙鷗麋鹿	물가 갈매기와 고라니나 사슴을 벗하면
而機心頓忘	번거로운 생각이 까맣게 잊어진다.

▸ 孤雲野鶴(고운야학) 외로이 떠 있는 구름과 들에 사는 한 마리 학. 벼슬을
  하지 않고 한가롭게 숨어사는 선비를 비유함.
▸ 機心(기심) 기회를 보고 움직이는 마음. 책략을 꾸미는 마음.
▸ 菜根譚(채근담) 중국 명明나라 말 홍응명洪應明(자 자성自誠)의 어록語錄.
  유교를 중심으로 불교, 도교를 가미하여 처세술處世術을 가르친 경구풍警
  句風 등으로 이루어짐.

山居賓次清洒觸物皆有佳思見孤雲
野鶴而超超之想遇石澗流泉而動
澡雪之思撫老檜寒梅而勁節挺立侶
沙鷗麋鹿而機心頓忘 菜根譚句 甲午夏 峯松

산속에 살면 가슴이 맑고 시원하니 맞닿는 사물마다 아름다운 생각이 드니
외로운 구름과 들의 학을 보면 세속을 초월한 생각이 떠오르고 바위틈에
흐르는 샘물을 만나면 깨끗이 씻고 싶은 마음이 일며 늙은 전나무와 찬가운
데 어우러진 지면 군센 절개가 솟고 물가 갈매기와 고라니나 사슴을 벗하면
번거로운 생각이 까맣게 잊혀진다 갑오년여름 반송김태수

孤雲野鶴고운야학   32×50㎝

17

5. 過勿憚改과물탄개

허물 고치기를 꺼려하지 말라

子曰 君子不重則不威 學則不固
主忠信 無友不如己者 過則勿憚改. ≪論語≫

子曰	공자께서 말씀하셨다.
君子不重	"군자가 후중厚重하지 않으면
則不威	위엄威嚴이 없으니
學則不固	배워도 견고하지 못하다.
主忠信	충과 신을 주장하며
無友不如己者	자기만 못한 자를 벗 삼지 말고
過則勿憚改	허물이 있으면 고치기를 꺼려하지 말아야 한다."

▸ 主忠信(주충신) 충실忠實과 신의信義를 위주로 함.

▸ 過勿憚改(과물탄개) 허물이 있으면 고치기를 꺼려하지 말라.

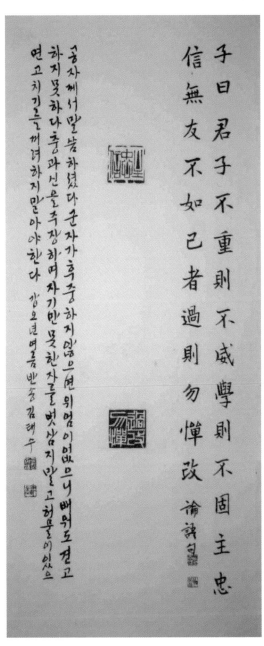

子曰君子不重則不威學則不固主忠
信無友不如己者過則勿憚改 論語

공자께서 말씀 하셨다 군자가 후중 하지않으면 위엄이없으니 배워도 견고 하지 못하다 충과 신을 주장하며 자기만 못한 자를 벗삼지 말고 허물이 있으 면 고치기를 꺼려하지 말아야 한다 갑오년 여름 반송 김태우

過勿憚改과물탄개   21×50cm

6. 敎學相長교학상장

가르치고 배우면서 발전한다

雖有至道 弗學 不知其善也 是故學然後知不足 敎然後知困
知不足然後能自反也 知困然後能自强也 故曰敎學相長也. ≪禮記≫

雖有至道	비록 지극한 도가 있더라도
弗學	배우지 않으면
不知其善也	그 훌륭함을 알지 못한다.
是故學然後	이런 까닭에 배운 연후에
知不足	부족함을 알고
敎然後知困	가르친 연후에 막힘을 안다.
知不足然後	부족함을 안 연후에
能自反也	스스로 반성할 수 있고
知困然後	막힘을 안 연후에
能自强也	스스로 힘쓸 수 있으니
故曰敎學相長也	그러므로 "가르치고 배우면서 서로 성장한다"고 한다.

▶ 敎學相長(교학상장) 가르치고 배우면서 서로 성장한다는 뜻으로, 스승은
학생에게 가르침으로써 성장하고 제자는 배움으로써 진보한다는 의미.
▶ 禮記(예기) 유교儒敎 오경五經의 하나. 예의 이론과 실제를 기술한 책.

雖有至道弗學不知其善也 是故學然後
知不足教然後知困 知不足然後能自反也 知困
然後能自強也 故曰教學相長也 禮記曰

비록지극한도가있더라도배우지않으면그훌륭함을알
지못한다이런까닭에배운연후에부족함을알고가르친연
후에막힘을안다부족함을안면후에스스로반성할수있
고막힘을안면후에스스로힘쓸수있었다그럼으로가르치고배
우면서로성장한다고한다 계사겨울 반송

教學相長교학상장   29×42cm

7. 窮不失義궁불실의

궁하여도 의를 잃지 않는다

士窮不失義 達不離道 窮不失義

故士得己焉 達不離道 故民不失望焉. ≪孟子≫

士窮不失義	선비는 궁하여도 의를 잃지 않으며
達不離道	영달하여도 도를 떠나지 않는다.
窮不失義	궁하여도 의를 잃지 않기 때문에
故士得己焉	선비가 자신의 지조를 지키며
達不離道	영달하여도 도를 떠나지 않기 때문에
故民不失望焉	백성들이 실망하지 않는다.

▸ 窮不失義(궁불실의) 궁색한 처지에 놓여도 의로움을 잃지 않음.

▸ 達不離道(달불리도) 영달하여도 도를 떠나지 않음. 입신출세를 하여도 결코 도리에 벗어나는 일은 하지 않음.

▸ 道義(도의) 사람으로서 마땅히 행해야 할 도덕과 의리.

▸ 孟子(맹자) 유교 경전인 사서四書의 하나. 맹자(BC. 372~289)의 언행을 기록한 책. 양혜왕梁惠王·공손추公孫丑·등문공籐文公·이루離婁·만장萬章·고자告子·진심盡心 등 7편으로 구성됨.

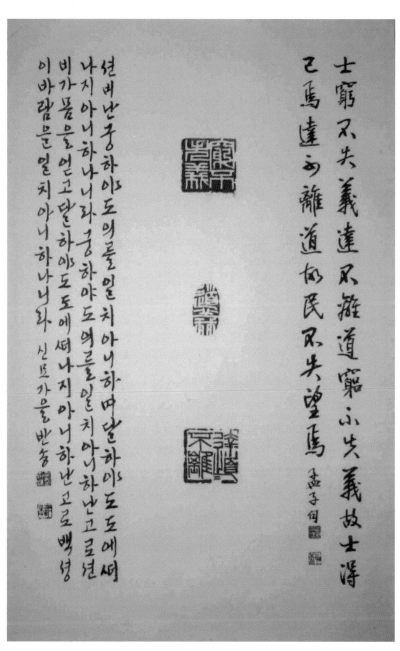

士窮不失義達不離道窮不失義故士得
己焉達而不離道故民不失望焉 孟子句

선비난 궁하야도 의를 일치아니하며 달하야도 도에써
나지아니하나니라 궁하야도 의를 일치아니하난고로 선
비가 뜻을 얻고 달하야도 도에 써 나지아니하난고로 백성
이 바람을 일치아니하나니라 신묘가을 반송

窮不失義궁불실의   27×42㎝

8. 根深之木근심지목
뿌리 깊은 나무

불휘 기픈 남己 ㅂ른매 아니 뮐씨 곶 됴코 여름 하느니.
시미 기픈 므른 ㄱ무래 아니 그츨씨 내히 이러 바른래 가느니.

根深之木 風亦不扤 有灼其華 有蕡其實
源遠之水 旱亦不竭 流斯爲川 于海必達. ≪龍飛御天歌/第二章≫

根深之木	뿌리 깊은 나무는
風亦不扤	바람에 또한 흔들리지 아니하고
有灼其華	꽃이 좋고
有蕡其實	열매가 많다.
源遠之水	샘이 깊은 물은
旱亦不竭	가뭄에 또한 다하지 아니하고
流斯爲川	흘러 이에 내를 이루어
于海必達	반드시 바다에 이른다.

▸ 根深之木(근심지목) 뿌리 깊은 나무. 바탕이 견고함.

▸ 源遠之水(원원지수) 샘이 깊은 물. 바탕이 깊음.

▸ 龍飛御天歌(용비어천가) 조선 세종 27년(1445)에 정인지鄭麟趾・권제權踶・
안지安止 등이 지어 세종 29년에 간행한 악장의 하나로 훈민정음으로 쓴 최
초의 작품. 조선을 세우기까지 6대, 곧 목조穆祖・익조翼祖・도조度祖・
환조桓祖・태조太祖・태종太宗의 사적事跡을 찬송讚頌하여 한글로 된
125장의 노래에 그에 대한 한역시漢譯詩를 뒤에 붙였음.

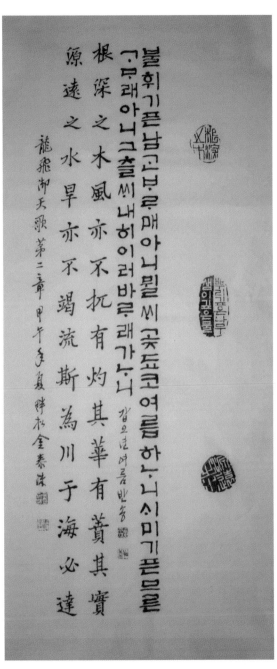

根深之木근심지목

23×55cm

9. 凌霜傲雪능상오설

눈서리를 견디다

寒梅一樹近松林　香蘂堆邊翠影深
莫將異色看爲二　共抱凌霜傲雪心. <金友伋詩/松間梅>

松間梅	솔 사이의 매화
寒梅一樹近松林	솔 숲 가까이 추위 속 매화 한 그루
香蘂堆邊翠影深	향기로운 꽃 더미 가에 푸른 그림자 깊네.
莫將異色看爲二	두 색을 둘로 보지 말게
共抱凌霜傲雪心	눈서리 견디는 마음 함께 지녔으니.

▸ 凌霜傲雪(능상오설) 서리를 깔보고 눈을 업신여김. 어려움이 닥쳐도 굽히
　지 않는 군자의 지조에 비유됨.

▸ 金友伋(김우급 1574~1643) 조선 중기 유학자. 본관 광산光山, 자 사익士
　益, 호 추담秋潭.

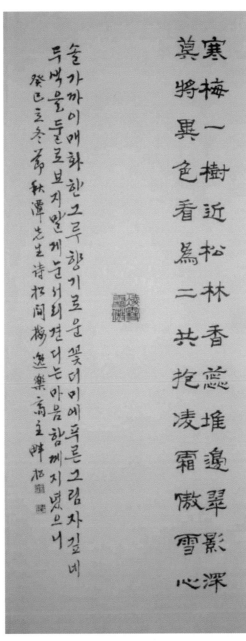

寒梅一樹近松林 香蕊堆邊翠影深
莫將異色看爲二 共抱凌霜傲雪心

솔가까이 매화 한 그루
향기로운 꽃더미에 푸른 그림자 길며
두빛을 둘로 보지 말게
눈서리 견디는 마음 함께 지녔으니

癸巳三冬 書 秋潭先生 詩 於 閒梅逸樂 高王畔 松 🔲

凌霜傲雪능상오설　　　　　　　28×68cm

27

10. 澹泊明志 담박명지

욕심이 없고 깨끗해야 뜻이 밝다

諸葛武侯戒子書曰 君子之行 靜以修身 儉以養德
非澹泊 無以明志 非寧靜 無以致遠. ≪小學≫

諸葛武侯戒子書曰	제갈량諸葛亮이 계자서에서 말하였다.
君子之行	"군자의 행실은
靜以修身	고요함으로 몸을 닦고
儉以養德	검소함으로 덕을 기르니
非澹泊	마음이 맑고 깨끗하지 않으면
無以明志	뜻을 밝게 할 수 없고
非寧靜	마음이 편안하고 고요하지 않으면
無以致遠	먼 곳에 이를 수 없다."

▸ 諸葛武侯(제갈무후 181~234) 중국 삼국시대 촉한蜀漢의 정치가 제갈량諸葛亮의
  시호諡號.

▸ 修身(수신) 몸을 닦음.

▸ 養德(양덕) 덕을 기름.

▸ 澹泊明志(담박명지) 욕심 없고 깨끗하면 뜻을 밝게 함.

▸ 寧靜致遠(영정치원) 평안하고 고요하면 먼 곳에 이름.

▸ 小學(소학) 아동을 위한 유학幼學 수신서修身書로, 송宋의 성리학자 주희
  朱熹의 지시로 그의 제자 유자징劉子澄이 편찬함.

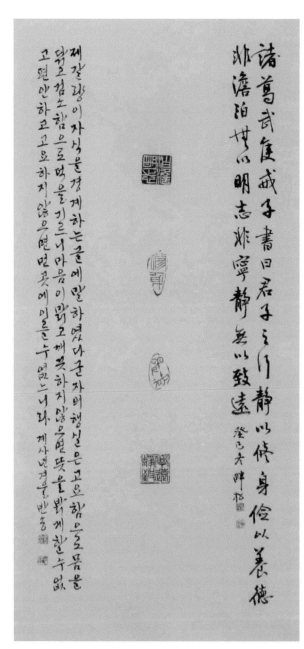

諸葛武侯戒子書曰君子之行靜以修身儉以養德非澹泊世以明志非寧靜無以致遠 癸巳夫畔松

제갈량이 자식을 경계하는 글에 말하였다 군자의 행실은 고요함으로 몸을 닦고 검소함으로 덕을 기르나니 마음이 맑고 깨끗하지 않으면 뜻을 밝게 할 수 없고 편안하고 고요하지 않으면 먼 곳에 이를 수 없느니라 계사년경우 반송

澹泊明志담박명지　　　　　　　28×60㎝

11. 大巧若拙대교약졸

훌륭한 기교는 졸렬한 듯하다

大成若缺 其用不弊 大盈若沖 其用不窮
大直若屈 大巧若拙 大辯若訥. ≪道德經≫

大成若缺	크게 이루어진 것은 모자라는 듯하나
其用不弊	써도 해지지 않으며
大盈若沖	크게 찬 것은 빈 듯하나
其用不窮	써도 다함이 없다.
大直若屈	매우 곧은 것은 굽은 듯하고
大巧若拙	매우 정교함은 졸렬한 듯하고
大辯若訥	잘하는 말은 더듬는 듯하다.

▶ 大巧若拙(대교약졸) 훌륭한 기교는 졸렬한 듯함. 겉으로는 아둔해 보이지만 실제로는 매우 총명함.

▶ 道德經(도덕경) 춘추시대春秋時代 말 노자老子가 난세를 피하여 함곡관函谷關에 이르렀을 때, 윤희尹喜가 도道를 묻자, 도덕오천언道德五千言을 적어 준 책이라 전해지나, 전국시대戰國時代에 도가 사상가의 언설言說을 한초漢初에 집성한 것으로 추측되며, 우주 간에 존재하는 일종의 이법理法을 도道라 하며 무위無爲의 치治, 무위의 처세훈處世訓을 서술한 도가의 기본 경전.

大成若缺其用不弊大盈若沖
其用不窮大直若屈大巧若拙
大辯若訥 道德經句聲也晚秋畔林

크게이루어진것은모자란듯하나써도해지지않으며크게찬것은
빈듯하나써도다함이없다마곧은것은굽은듯하고매우정교
한것은졸열한듯하고잘하는말은더듬는듯하다

大巧若拙 대교약졸   20×40㎝

31

12. 戴仁抱義대인포의
인을 이고 의를 품다

儒有忠信以爲甲冑 禮義以爲干櫓 戴仁而行 抱義而處
雖有暴政 不更其所. 《禮記》

儒有忠信以爲甲冑	선비는 충성과 신의로 갑옷과 투구를 삼으며
禮義以爲干櫓	예절과 의리로 방패를 삼으며
戴仁而行	인을 머리에 이고 행하며
抱義而處	의를 가슴에 품고 살아간다.
雖有暴政	비록 폭정이 있더라도
不更其所	그 지조를 바꾸지 않는다.

▸ 甲冑(갑주) 갑옷과 투구.

▸ 干櫓(간로) 방패防牌.

▸ 戴仁抱義(대인포의) 인을 머리에 이고 의를 가슴에 품음.

儒有忠信以為甲冑禮義以為干櫓戴仁
而行抱義而處雖有暴政不更其所 禮記儒行

선비는 충성과 신의로 갑옷과 투구를 삼으며 예절과
의리로 방패를 삼으며 인을 머리에 이고 행하며 의를 가
슴에 품고 살아간다 비록 폭정이 있더라도 그 지조를
바꾸지 않는다 갑오년 이른봄 반중 김태수

戴仁抱義 대인포의   26×43cm

13. 道法自然도법자연

도는 자연을 본받는다

道大 天大 地大 王亦大 域中有四大 而人居其一焉
人法地 地法天 天法道 道法自然. 《道德經》

道大	도가 크고
天大	하늘도 크고
地大	땅도 크고
人亦大	사람 또한 크다.
域中有四大	우주 안에 네 가지 큰 것이 있는데
而人居其一焉	사람도 그 하나로 산다.
人法地	사람은 땅을 본받고
地法天	땅은 하늘을 본받고
天法道	하늘은 도를 본받고
道法自然	도는 자연을 본받는다.

▶ 道法自然(도법자연) 도는 자연을 본받음.

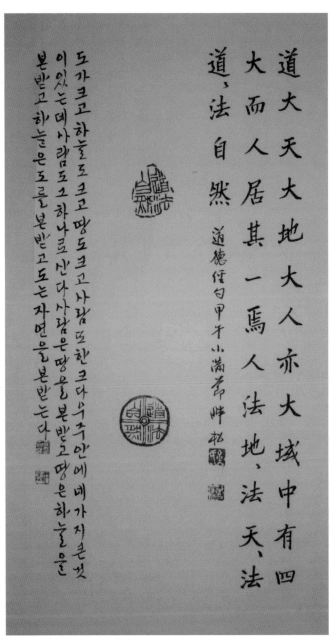

道大天地大人亦大域中有四
大而人居其一焉人法地、法天、法
道、法自然 道德經曰甲午小滿書畔松

도가크고하늘도크고땅도크고사람또한크다우주안에네가지큰것
이있는데사람도그하나로산다사람은땅을본받고땅은하늘을
본받고하늘은도를본받고도는자연을본받는다

道法自然도법자연   25×45㎝

35

14. 道之以德 도지이덕

덕으로 인도하다

子曰 道之以政 齊之以刑 民免而無恥
道之以德 齊之以禮 有恥且格. ≪論語≫

子曰	공자께서 말씀하셨다.
道之以政	"인도하기를 법으로 하고
齊之以刑	가지런히 하기를 형벌로 하면
民免	백성들이 형벌을 면할 수는 있으나
而無恥	부끄러워함은 없을 것이다.
道之以德	인도하기를 덕으로 하고
齊之以禮	가지런히 하기를 예로써 하면
有恥	백성들이 부끄러워함이 있고
且格	또 선에 이르게 될 것이다."

▸ 道之以德(도지이덕) 인도하기를 덕으로 함.
▸ 齊之以禮(제지이례) 가지런히 하기를 예로써 함.

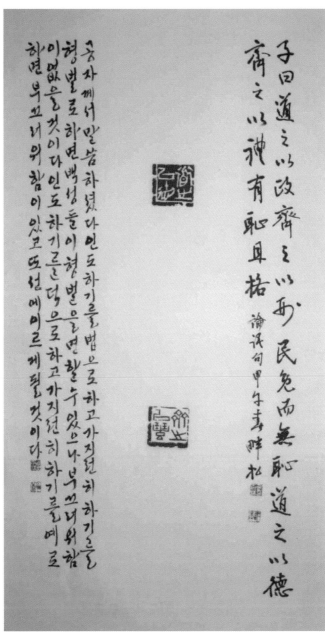

子曰道之以政齊之以刑 民免而無恥道之以德
齊之以禮有恥且格 論語句甲午春醉松

중자께서 말씀하셨다 인도하기를 법으로 하고
형벌로 하면 백성들이 형벌을 면할 수 있으나 부끄러워함
이없을 것이다 인도하고 가지런히 하기를 에로
하면 부끄러워함이 있고 또 선에이르게 될것이다

道之以德도지이덕   26×51㎝

15. 動心忍性동심인성

마음을 분발시키고 성질을 참게 하다

天將降大任於是人也 必先苦其心志 勞其筋骨 餓其體膚 空乏其身
行拂亂其所爲 所以動心忍性 曾益其所不能. ≪孟子≫

天將降大任於是人也	하늘이 큰 임무를 이 사람에게 내리려 함에
必先苦其心志	반드시 먼저 그 심지心志를 괴롭게 하며
勞其筋骨	그 근골筋骨을 수고롭게 하며
餓其體膚	그 체부體膚를 굶주리게 하며
空乏其身	그 몸을 공핍空乏하게 하여
行拂亂其所爲	행함에 그 하는 바를 불란拂亂시키니
所以動心忍性	이것은 마음을 분발시키고 성질을 참게 하여
曾益其所不能	그 능하지 못한 바를 증익增益해 주고자 해서이다.

▸拂亂(불란) 어긋나게 하고 혼란스럽게 함.

▸動心忍性(동심인성) 마음을 분발시키고 성질을 참게 함.

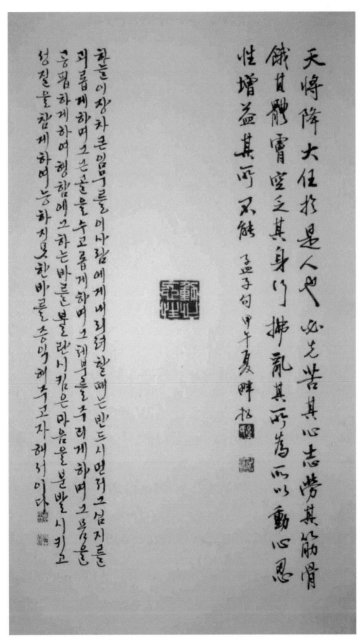

天將降大任於是人也 必先苦其心志勞其筋骨
餓其體膚空乏其身行 拂亂其所爲而以動心忍
性增益其所不能 孟子句 甲午夏 畔松

하늘이 장차 큰 임무를 어떤 사람에게 내리려 할때는 반드시
피곤케 하며 그 근골을 수고롭게 하며 그 체부를 주리게 하고
궁핍하게 하여 행함에 그 하는 바를 불란시키는 것은
성질을 참게 하려는 하지 못한 바로를 증익 시키고
그 마음을 불발시키고 증익 해주고자 해서이다.

動心忍性 동심인성　　　　　　　　　28×48㎝

16. 登高自卑등고자비

높은 데 오르려면 낮은 데로부터

君子之道 辟如行遠必自邇 辟如登高必自卑 詩曰 妻子好合 如鼓瑟琴 兄弟
旣翕 和樂且耽 宜爾室家 樂爾妻帑 子曰 父母其順矣乎. ≪中庸≫

君子之道	군자의 도는
辟如行遠必自邇	비유하면 먼 곳을 가려면
	반드시 가까운 데로부터 하는 것과 같고
辟如登高必自卑	비유하면 높은 데 오르려면
	반드시 낮은 데로부터 하는 것과 같다.
詩曰	시경에 이르기를
妻子好合	"아내와 자식이 좋아하며 합함이
如鼓瑟琴	거문고와 비파를 타는 것과 같으며
兄弟旣翕	형제간이 이미 화합하여
和樂且耽	화락하며 또 즐기도다.
宜爾室家	너의 집안을 마땅하게 하며
樂爾妻帑	너의 아내와 자식을 즐겁게 하다." 하거늘
子曰	공자께서 말씀하시기를
父母其順矣乎	"부모가 편안하실 것이다." 하셨다.

▶ 行遠自邇(행원자이) 먼 곳을 가려면 가까운 데로부터 함.

▶ 登高自卑(등고자비) 높은 곳에 오르기 위해서 낮은 곳에서부터 시작함.

▶ 中庸(중용) 사서의 하나. 공자의 손자 자사子思가 지었다고 하며 중용의
  덕과 인간의 본성인 성誠에 관한 내용이 담겨 있음

君子之道辟如行遠必自邇辟如登高必自卑 詩曰

妻子好合如鼓瑟琴兄弟既翕和樂且耽宜爾室家

樂爾妻帑 子曰父母其順矣乎 中庸句 癸巳晩秋 畔松

군자의 도는 비유하면 먼 곳을 가려면 반드시 가까운 데로부터 하며 높
은데으르켜면 반드시 낮은데로부터 함과 같으니 라시경에 이르자가 좋
아하며 합함이 금슬을 타는듯하며 형제 간에 이미 화합하여 화락하며
즐기도다 너의 집안을 마땅하게 하며 너의 거 자식은 즐겁게 하라라 하
거늘 공자 해거 부모가 편안 하실것이다라 하셨다

登高自卑 등고자비   29×54㎝

17. 滿而不溢만이불일

가득 차도 넘치지 않는다

在上不驕 高而不危 制節謹度 滿而不溢
高而不危 所以長守貴也 滿而不溢 所以長守富也. ≪孝經≫

在上不驕	윗자리에 있으면서 교만하지 않으면
高而不危	높아도 위태롭지 않고
制節謹度	절제하여 법도를 삼가면
滿而不溢	가득차도 넘치지 않을 것이다.
高而不危	높아도 위태롭지 않음이
所以長守貴也	오래도록 귀함을 지키는 방법이요.
滿而不溢	가득 차도 넘치지 않음이
所以長守富也	오래도록 부를 지키는 방법이다.

▶ 滿而不溢(만이불일) 가득 차도 넘치지 않음. 곧 재물이 많아도 으스대지
않고, 재주가 많아도 뽐내지 않음을 의미함.

▶ 孝經(효경) 유교경전의 하나. 공자가 제자인 증자曾子(BC. 505~436)에게
효도에 대하여 한 말을 기록한 책으로, 효가 덕의 근본임을 밝히고 있음.

在上不驕高而不危制節謹度滿
而不溢高而不危所以長守貴也
滿而不溢所以長守富也

孝經句

윗자리에 있으면서 교만하지 않으면 높아도 위태롭지 않고 절제하며 법도를 삼가면 가득 차도 넘치지 않을 것이다 높아도 위태롭지 않음이 오래 귀함을 지키는 방법이요 가득 차도 넘치지 않음이 오래 부를 지키는 방법이다 갑오 경명절 반송 김태수

滿而不溢 만이불일　　　　　　　　　25×45cm

18. 木受繩直목수승직

나무는 먹줄을 받으면 곧아진다

學不可以已 靑取之於藍而靑於藍 冰水爲之而寒於水 木直中繩 輮以爲輪
其曲中規 雖有槁暴 不復挺者 輮使之然也 故木受繩則直 金就礪則利. ≪荀子≫

學不可以已	학문은 그만둘 수 없다.
靑取之於藍	푸른색은 쪽 풀에서 취하지만
而靑於藍	쪽보다 더 푸르고
冰水爲之	얼음은 물이 그것이 되었지만
而寒於水	물보다 더 차다.
木直中繩	나무가 곧아서 먹줄에 들어맞더라도
輮以爲輪	구부려 바퀴를 만들면
其曲中規	그 굽음이 굽은 자에 들어맞게 되고
雖有枯暴	비록 뙤약볕에 말려도
不復挺者	다시 곧아지지 않는 것은
輮使之然也	구부림이 그것을 그렇게 하였기 때문이다.
故木受繩則直	그러므로 나무는 먹줄을 받으면 곧아지고
金就礪則利	쇠는 숫돌에 갈면 날카로워진다.

▸ 木受繩直(목수승직) 나무는 먹줄을 받으면 곧아짐.

▸ 金就礪利(금취려리) 쇠는 숫돌에 갈면 날카로워짐.

▸ 荀子(순자) 중국 전국시대 순자荀子(BC. ?298~?238)가 지은 사상서. 예禮
와 의義를 외재적인 규정이라 보고, 그것에 의한 인간 규제를 중시하여 예
치주의가 강조되며 성악설性惡說이 제안되었음.

學不可以已青取之於藍而青於藍冰水爲之而寒
於水木直中繩輮以爲輪其曲中規雖有槁暴不復
挺者輮使之然也故木受繩則直金就礪則利

荀子曰

학문은 그만둘 수 없다 푸른 물은 쪽풀에서 취하지만 쪽풀보다 푸르고 얼음은 물이 이것이 되었지만
물보다 차다 나무가 곧아서 먹줄에 들어맞는다 하더라도 구부려 바퀴를 만들면 그 굽음이 좋은 자에 들어맞게 하였을 때 비록 마르더라도 다시 곧아지지 않는 것은 구부림이 그 매문이다 그러므로 나무는
먹줄을 받으면 곧아지고 쇠는 숫돌에 갈면 날카로워지는 것이다 갑오년 이름 반송

木受繩直 목수승직   28×65㎝

19. 無愛無憎 무애무증

사랑도 벗어놓고 미움도 벗어놓고

靑山兮要我以無語 蒼空兮要我以無垢
聊無愛而無憎兮 如水如風而終我.

靑山兮要我以無語 蒼空兮要我以無垢
聊無怒而無惜兮 如水如風而終我. <懶翁禪師詩>

靑山兮 要我以無語	청산은 나를 보고 말없이 살라 하고
蒼空兮 要我以無垢	창공은 나를 보고 티 없이 살라 하네.
聊無愛 而無憎兮	사랑도 벗어놓고 미움도 벗어놓고
如水如風 而終我	물같이 바람같이 살다가 가라 하네.
靑山兮 要我以無語	청산은 나를 보고 말없이 살라하고
蒼空兮 要我以無垢	창공은 나를 보고 티 없이 살라 하네.
聊無怒 而無惜兮	성냄도 벗어놓고 탐욕도 벗어놓고
如水如風 而終我	물같이 바람같이 살다가 가라 하네.

▶ 無愛無憎(무애무증) 사랑도 벗어놓고 미움도 벗어놓음.

▶ 無怒無惜(무노무석) 성냄도 벗어놓고 탐욕도 벗어놓음.

▶ 如水如風(여수여풍) 물처럼 바람처럼 사는 자유자재의 삶을 의미함.

▶ 懶翁禪師(나옹선사 1320~1376) 고려 말 고승. 이름 혜근慧勤, 호 나옹, 당호 강월헌江月軒.

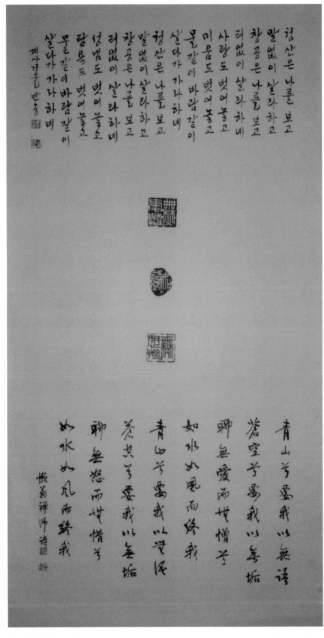

청산은 나를 보고
말없이 살라 하고
창공은 나를 보고
티없이 살라 하네
사랑도 벗어 놓고
미움도 벗어 놓고
물같이 바람같이
살다가 가라 하네
청산은 나를 보고
말없이 살라 하고
창공은 나를 보고
티없이 살라 하네
성냄도 벗어 놓고
탐욕도 벗어 놓고
물같이 바람같이
살다가 가라 하네

靑山兮要我以無語
蒼空兮要我以無垢
聊無愛而世憎兮
如水如風而終我
靑山兮要我以淨淸
蒼其兮要我以無垢
聊無怒而世惜兮
如水如風而終我
懶翁禪師詩

無愛無憎 무애무증　　　　　　　　　　35×70cm

20. 無盡藏무진장

끝이 없는 보고이네

夫天地之間 物各有主 苟非吾之所有 雖一毫而莫取
惟江上之淸風 與山間之明月 耳得之而爲聲 目寓之而成色
取之無禁 用之不竭 是造物者之無盡藏也. <前赤壁賦>

夫天地之間	하늘과 땅 사이에
物各有主	물건은 각기 주인이 있으니
苟非吾之所有	진실로 나의 소유가 아니라면
雖一毫而莫取	비록 한 터럭이라도 취하지 말아야 하거니와
惟江上之淸風	오직 강 위의 맑은 바람과
與山間之明月	산 사이의 밝은 달은
耳得之而爲聲	귀로 들으면 소리가 되고
目寓之而成色	눈을 붙이면 색이 되어
取之無禁	취함에 금함이 없고
用之不竭	써도 다하지 않으니
是造物者之無盡藏也	이는 조물주의 다함이 없는 보고寶庫이다.

▸ 淸風(청풍) 맑은 바람

▸ 明月(명월) 밝은 달.

▸ 無盡藏(무진장) 다함이 없이 굉장히 많음. <불교>덕이 넓어 끝이 없음. 닦
   고 닦아도 다함이 없는 법의法義.

▸ 前赤壁賦(적벽부) 당송팔대가唐宋八大家의 한 사람인 송宋의 소식蘇軾
   (1036~1101)이 지은 글.

천지사이의 물건은 각기 주인이 있으니 만일 나의 소유가 아니라면 비록 한 터럭
이라도 취하지 말 아니하나 오직 강위의 맑은 바람과 산사이의 밝은 달은 귀로
들으면 소리가 되고 눈을 붙이면 색이 되나니 취하여도 금함이 없고 써도 다하지
않으니 이는 조물주의 다함이 없는 보고이다 갑오년 여름 반송

無盡藏 무진장　　　　　　　　　　30×60㎝

21. 聞義卽服문의즉복

옳은 것을 들으면 즉시 따르라

眞剛眞勇 不在於逞氣强說
而在於改過不吝 聞義卽服也. 《退溪集》

眞剛眞勇	진정한 강함과 참된 용기는
不在於逞氣强說	굳센 기운이나 억지 주장에 있는 것이 아니라
而在於改過不吝	허물 고치기를 인색하지 아니하며
聞義卽服也	옳은 것을 들으면 즉시 따르는 데 있는 것이다.

▸ 改過不吝(개과불인) 허물 고치기를 인색하지 아니함.

▸ 聞義卽服(문의즉복) 옳은 것을 들으면 즉시 따름.

▸ 退溪集(퇴계집) 조선 선조 32년(1599)에 도산서원에서 간행한 이황李滉
  (1501~1570)의 유고집.

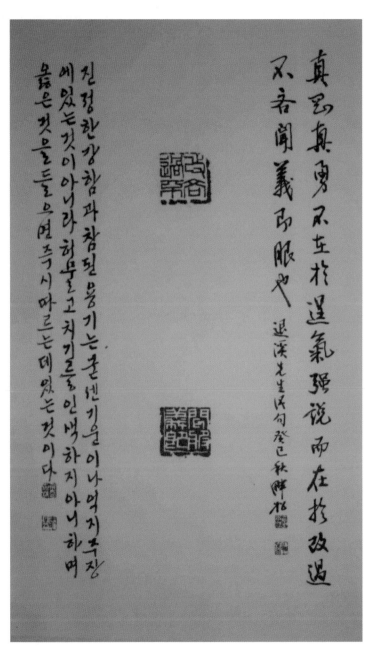

真勇真勇不在於逞氣強說而在於改過
不吾聞義即服也
退溪先生詩句 癸巳秋 晦根

진정한 강참과 참된 용기는 큰센 기운이나 억지 주장에 있는 것이 아니라 허물고 치기를 인색하지 아니 하며 옳은 것을 들으면 즉시 따르는 데 있는 것이다

聞義卽服문의즉복

24×40㎝

22. 密葉翳花밀엽예화

빽빽한 잎에 가린 꽃

輕衫小簟臥風櫳 夢斷啼鶯三兩聲
密葉翳花春後在 薄雲漏日雨中明. <李奎報詩/夏日卽事>

夏日卽事	여름날
輕衫小簟臥風櫳	얇은 적삼에 대자리로 창 바람에 누웠다가
夢斷啼鶯三兩聲	꾀꼬리 두세 소리에 꿈을 깨었네.
密葉翳花春後在	빽빽한 잎에 가린 꽃은 봄이 간 뒤에도 남아 있고
薄雲漏日雨中明	엷은 구름에 새어나오는 해는 새어 빗속에도 밝네.

▸ 密葉翳花(밀엽예화) 여름에 빽빽한 잎에 가린 꽃.

▸ 薄雲漏日(박운루일) 여름 빗속 엷은 구름에 새어나오는 해.

▸ 李奎報(이규보. 1168~1241) 고려 후기 문신·학자. 본관 황려黃驪, 초명
인저仁氐, 자 춘경春卿, 호 백운거사白雲居士, 시호 문순文順. 민족정신을
고취하기 위해 고구려의 건국신화를 다룬 동명왕편東明王篇 등을 지음.

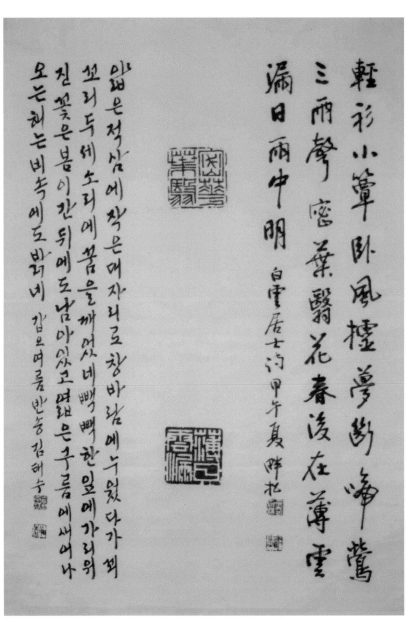

輕衫小簟臥風櫺 夢斷嗁鶯
三兩聲 密葉翳花春後在薄雲
漏日雨中明 白雲居士句 甲午夏 畔松

얇은 적삼에 작은 대자리로 창바람에 누웠다가
꾀꼬리 두세 소리에 꿈을 깨었네 빽빽한 잎에 가리워
진 꽃은 봄이 간 뒤에도 남아있고 엷은 구름에 새어나
오는 해는 비속에도 밝네 갑오여름 반농 김태수

密葉翳花밀엽예화

25×35㎝

23. 反躬自省반궁자성

자신을 돌이켜 반성하라

反躬自省 周察疵政 身無愆矣 政無闕矣 亦當益加修勉 欽若不已
未嘗以無過自恕也 況於身有愆 而政有闕者乎. <萬言封事>

反躬自省	자신을 돌이켜 스스로 반성하고
周察疵政	잘못된 정사政事를 두루 살피며
身無愆矣	자신에게 허물이 없고
政無闕矣	정사에 결함이 없더라도
亦當益加修勉	마땅히 더욱 닦고 힘쓰며
欽若不已	공경해 마지않아야 할 것이다.
未嘗以無過自恕也	잘못이 없다 하여 자신을 용서해서는 안 되는데
況於身有愆	하물며 자신에게 허물이 있고
而政有闕者乎	정사에 결함이 있는 자임에랴!

▸反躬自省(반궁자성) 자신을 돌이켜 스스로 반성함. 곧 잘못을 자신에게서
찾는다는 의미.

▸疵政(자정) 잘못된 정사政事.

▸萬言封事(만언봉사) 만언萬言에 이르는 장편의 글로 임금에게 아뢰는 소
라는 뜻으로, 이이李珥(1536~1584)가 39세 때 우부승지右副承旨로 재임
중 선조에게 올린 상소문으로 성학聖學의 대요大要를 적음.

反躬自省周察疵改才無憾矣政世關美心當
益加修勉鎖美不已未嘗以無遇目怠也況於
身有憾而政有關志乎

粟谷先生萬言封事句

자신을 돌이켜 반성하고 잘못된 정사를 두루 살피며 자신
에게 허물이 없고 정사에 결함이 없더라도 마땅히 더욱 닦고
힘쓰며 공경해 마지 않아야 할 것이다 잘못이 없다하여 자신
을 용서해서는 않되는 데 하물며 자신에게 허물이 있고 정
사에 결함이 있는 자임에랴 갑오년 봄 반송 김태수

24. 本立道生본립도생

근본이 서면 길이 생긴다

有子曰 其爲人也孝弟 而好犯上者鮮矣 不好犯上 而好作亂者 未之有也
君子務本 本立而道生 孝弟也者 其爲仁之本與. ≪論語≫

有子曰	유자가 말하였다.
其爲人也孝弟	"그 사람됨이 효제스러우면서
而好犯上者鮮矣	윗사람을 범하기를 좋아하는 자는 드무니
不好犯上	윗사람을 범하기를 좋아하지 않고서
而好作亂者未之有也	난을 일으키기를 좋아하는 자는 있지 않다.
君子務本	군자는 근본을 힘쓰니
本立而道生	근본이 서면 길이 생겨난다.
孝弟也者	효와 제는
其爲仁之本與	인을 행하는 근본일 것이다!"

▶ 本立道生(본립도생) 근본이 확립되면 도가 발생함. 효와 제는 인仁을 하는
근본이니, 이것을 힘쓰면 인仁의 도가 이로부터 생겨남을 말함.

▶ 孝弟(효제) 효는 부모를 잘 섬기는 것, 제는 형과 어른을 잘 섬기는 것.

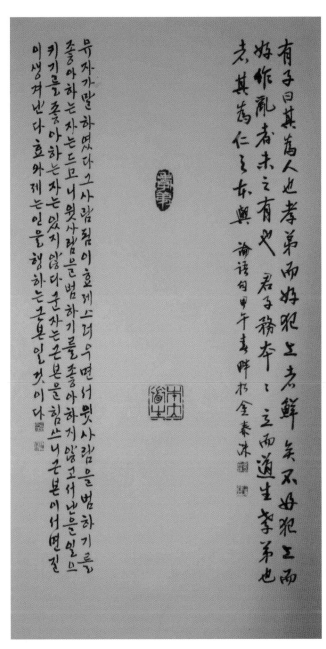

有子曰其爲人也孝弟而好犯上者鮮矣不好犯上而
好作亂者未之有也 君子務本本立而道生孝弟也
者其爲仁之本與 論語句 甲午春畔於金泰沐

유자가 말하였다 그 사람됨이 효제스러우면서 윗사람을 범하기를
좋아하는 자는 드므니 윗사람을 범하기를 좋아하지 않고서 난을 일으
키기를 좋아하는 자는 있지 않다 군자는 근본을 힘쓰니 근본이 서면(면길
이생겨난다 효와제는 인을 행하는 근본일 것이다

本立道生본립도생   29×56cm

57

25. 富貴不淫부귀불음

부귀에 현혹되지 말라

閑來無事復從容 睡覺東窓日已紅
萬物靜觀皆自得 四時佳興與人同
道通天地有形外 思入風雲變態中
富貴不淫貧賤樂 男兒到此是豪雄. <程顥詩/秋日偶成>

秋日偶成	추일우성
閑來無事復從容	한가로워 하는 일 없이 또 조용하니
睡覺東窓日已紅	졸다 깨어 보니 동창에 해가 이미 붉네.
萬物靜觀皆自得	만물을 정관하니 모두가 자득하였고
四時佳興與人同	사계절의 아름다운 흥취는 사람과 함께 하네.
道通天地有形外	도는 천지의 형체 가진 것 밖으로 통하고
思入風雲變態中	생각은 풍운이 변해가는 속으로 들어가네.
富貴不淫貧賤樂	부귀에 빠져들지 않고 빈천도 즐기니
男兒到此是豪雄	사나이 이에 이르면 이것이 영웅호걸이네.

▸ 靜觀(정관) 조용히 사물을 관찰함.

▸ 自得(자득) 스스로 만족함. 스스로 터득함.

▸ 富貴不淫(부귀부음) 부귀에 현혹되지 않음.

▸ 程顥(정호. 1032~1085) 중국 송宋의 유학자. 자 백순伯淳, 호 명도明道, 동생 이頤와 함께 이정자二程子로 불림.

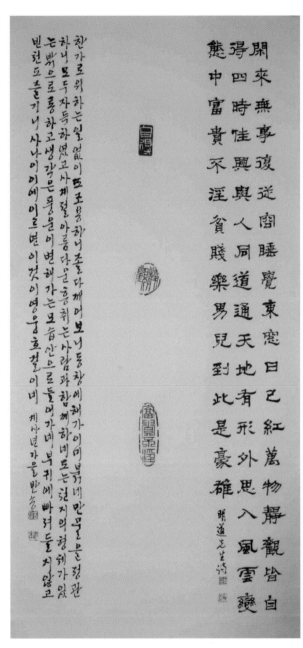

閑來無事復從容　睡覺東窓日已紅
萬物靜觀皆自得　四時佳興與人同
道通天地有形外　思入風雲變態中
富貴不淫貧賤樂　男兒到此是豪雄

明道先生詩

한가로위 하는 일 없이 또 조용하니 줄다 깨어 보니 동창에 해가 이미 붉네 만물을 정관 하니 모두 자득 하였고 사계절 아름다운 흥취는 사람과 함께 하네 도는 천지의 형체 가 있 는 밖으로 통하고 생각은 풍운이 변해가는 모습 안으로 들어가네 부귀에 빠져들지 않고 빈천도 즐기나니 사나이 이에 이르면 이것이 영웅호걸 이네
계사년 가을 반송

富貴不淫 부귀불음

31×65㎝

26. 不愧於天불괴어천

우러러 하늘에 부끄럽지 않기를

孟子曰 君子有三樂 而王天下不與存焉 父母俱存 兄弟無故 一樂也
仰不愧於天 俯不怍於人 二樂也 得天下英才 而敎育之 三樂也. ≪孟子≫

孟子曰	맹자께서 말씀하였다.
君子有三樂	"군자가 세 가지 즐거움이 있는데
而王天下	천하에서 왕 노릇 함은
不與存焉	여기에 들어있지 않다.
父母俱存	부모가 모두 생존해 계시며
兄弟無故	형제가 무고한 것이
一樂也	첫 번째 즐거움이요
仰不愧於天	위로는 하늘에 부끄럽지 않으며
俯不怍於人	아래로는 사람들에게 부끄럽지 않은 것이
二樂也	두 번째 즐거움이요
得天下英才 而敎育之	천하의 영재를 얻어 교육하는 것이
三樂也	세 번째 즐거움이다."

▸ 不愧於天(불괴어천) 하늘에 부끄럽지 않음.

▸ 不怍於人(부작어인) 사람들에게 부끄럽지 않음.

▸ 三樂(삼락) 군자의 세 가지 즐거움. 곧 부모가 함께 살아 계시고 형제도 무
고한 것, 하늘이나 남에게 부끄럽지 않은 것, 천하의 영재를 얻어 이들을
교육하는 것.

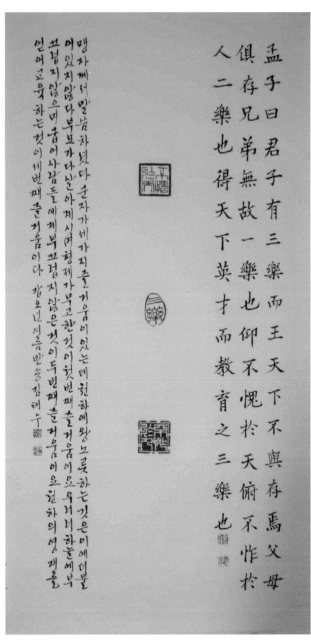

不愧於天불괴어천　　　　　　　　　30×60㎝

27. 不舍晝夜불사주야

밤낮으로 쉬지 않는구나

徐子曰 仲尼亟稱於水曰 水哉水哉 何取於水也 孟子曰 原泉混混 不舍晝夜
盈科以後進 放乎四海 有本者如是 是之取爾. 《孟子》

徐子曰	서지徐子가 물었다.
仲尼亟稱於水曰	"공자께서 자주 물을 일컬으시며
水哉水哉	'물이로다, 물이로다!'라 하셨는데
何取於水也	물에서 무엇을 취하신 것입니까?"
孟子曰	맹자께서 대답하셨다.
原泉混混	"근원이 있는 샘물은 곤곤히 솟아올라
不舍晝夜	밤낮을 그치지 아니하여
盈科以後進	샘 구덩이에 가득 찬 뒤에 흘러나가
放乎四海	사해에 이른다.
有本者如是	학문에 근본 있는 자는 이와 같으니
是之取爾	이것을 취하셨을 뿐이었다."

▶ 不舍晝夜(불사주야) 밤낮으로 쉬지 아니함.

▶ 盈科後進(영과후진) 구덩이에 물이 찬 뒤에 나간다는 뜻으로, 물이 흐를
   때는 조금이라도 오목한 데가 있으면 우선 그곳을 가득 채우고 아래로 흘
   러가듯, 학문도 속성으로 이루려 하지 말고 차곡차곡 채운 다음 나아가야
   간다는 의미.

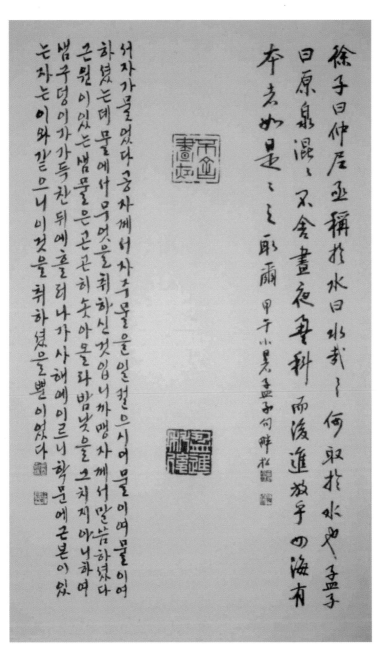

徐子曰仲尼亟稱於水曰水哉〜何取於水也孟子曰原泉混〜不舍晝夜盈科而後進放乎四海有本者如是〜取爾

甲午小暑孟子句耶松

서자가 물었다 "공자께서 자주 물을 일컬으시어 '물이여 물이여'하셨는데 물에서 무엇을 취하신 것입니까" 맹자께서 말씀하셨다 "근원이 있는 샘물은 끝히 솟아 물라 밤낮을 그치지 아니하여 밤구덩이가 가득 찬 뒤에 흘러 나가 사해에 이르니 학문에 근본이 있는 자는 이와 같으니 이것을 취하셨을 뿐이었다"

不舍晝夜불사주야   28×46cm

28. 不貪爲寶불탐위보

탐하지 않음을 보배로 삼다

人只一念貪私 便銷剛爲柔 塞智爲昏 變恩爲慘 染潔爲汚 壞了一生人品
故古人以不貪爲寶 所以度越一世. ≪菜根譚≫

人只一念貪私	사람이 한 생각만이라도 사욕을 탐하면
便銷剛爲柔	곧 강직함이 녹아 유약해지고
塞智爲昏	지혜가 막혀 어두워지며
變恩爲慘	은혜로운 마음이 변하여 가혹해지고
染潔爲汚	깨끗함이 물들어 더러워지며
壞了一生人品	한 평생의 인품을 무너뜨린다.
故古人	그러므로 옛사람들은
以不貪爲寶	탐내지 않는 것을 보배로 삼았으니
所以度越一世	이것이 한 세상을 초월하는 방법이다.

▸ 不貪爲寶(불탐위보) 탐하지 않음을 보배로 삼음.

人只一念貪私便銷剛爲柔塞智爲昏變恩爲慘染潔爲污
壞一生人品故古人以不貪爲寶所以度越一世 菜根譚句

사람이 한생각만이라도 사욕을 탐하면 문득 강직함이 녹아 유약해지고 지혜가 막
혀 어두어지며 은애로운 마음이 변하여 가혹해지고 깨끗참이 물들어 더러워지며
한평생의 인품을 무너뜨린다 그러므로 옛사람들은 탐하지 않는 것을 보배로 삼
았으니 이것이 한세상을 초월하는 방법이다 갑오년 봄 반송 김해수

不貪爲寶불탐위보   24×60㎝

29. 舍己從人 사기종인

자기를 버리고 남을 따르다

不能舍己從人 學者之大病
天下之義理無窮 豈可是己而非人. ≪退溪集≫

不能舍己從人	자기를 버리고 남을 따를 수 없음은
學者之大病	학자의 큰 병폐이다.
天下之義理無窮	천하의 옳은 이치는 무궁하니
豈可是己而非人	어찌 나만 옳고 남을 그르다 할 수 있겠는가?

▸ 舍己從人(사기종인) 자기 의견을 버리고 남의 의견을 따름.<舍=捨>

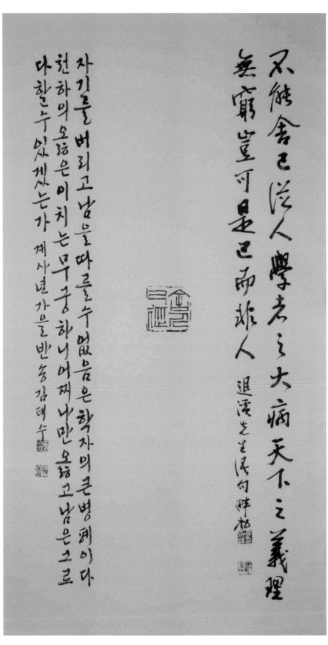

不能舍己從人學者之大病天下之義理
無窮豈可是己而非人
退溪先生句 醉松

자기를 버리고 남을 따를 수 없음은 학자의 큰 병폐이다
천하의 오묘한 이치는 무궁하니 어찌 나만 옳고 남은 그르
다 할 수 있겠는가 계사년 가을 반송 김태수

舍己從人사기종인   23×42㎝

30. 思無邪사무사

생각은 사특함이 없어야지

思無邪 毋不敬 只此二句 一生受用 不盡
當揭諸壁上 須臾不可忘也. ≪擊蒙要訣≫

思無邪	생각함에 사특함이 없고
毋不敬	공경하지 않음이 없다는
只此二句	단지 이 두 구절은
一生受用	일생 받아 써도
不盡	다하지 않으니
當揭諸壁上	마땅히 벽 위에 걸어서
須臾不可忘也	잠깐 동안이라도 잊어서는 안 된다.

▸ 思無邪(사무사) 생각함에 사특함이 없음.

▸ 毋不敬(무불경) 공경하지 않음이 없음.

▸ 擊蒙要訣(격몽요결) 조선 1577년(선조 10)에 이이李珥(1536~1584)가 학문을 시작하는 이들을 가르치기 위하여 편찬한 책. 입지立志 · 혁구습革舊習 · 지신持身 · 독서讀書 · 사친事親 · 상제喪制 · 제례祭禮 · 거가居家 · 접인接人 · 처세處世 등 10장으로 구성되었다.

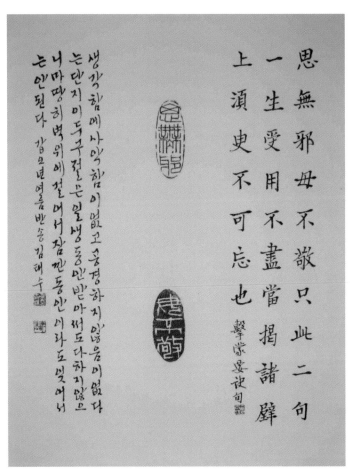

思無邪사무사

28×35㎝

31. 舍生取義사생취의

삶을 버리고 의를 취하다

孟子曰 魚我所欲也 熊掌亦我所欲也
二者不可得兼 舍魚而取熊掌者也
生亦我所欲也 義亦我所欲也
二者不可得兼 舍生而取義者也. ≪孟子≫

孟子曰	맹자께서 말씀하였다.
魚我所欲也	"물고기도 내가 원하는 바요
熊掌亦我所欲也	곰발바닥도 내가 원하는 바이지만
二者不可得兼	이 두 가지를 겸하여 얻을 수 없다면
舍魚	물고기를 버리고
而取熊掌者也	곰 발바닥을 취하겠다.
生亦我所欲也	삶도 내가 원하는 바요
義亦我所欲也	의도 내가 원하는 바이지만
二者不可得兼	이 두 가지를 겸하여 얻을 수 없다면
舍生	삶을 버리고
而取義者也	의를 취하겠다."

▸舍生取義(사생취의) 삶을 버리고 의를 취함. 목숨을 버릴지언정 옳은 일을 함.

孟子曰魚我所欲也熊掌我亦所欲也 二者又可得兼舍
魚而取熊掌者也生亦我所欲也義亦我所欲也 二者
又可得兼舍生而取義者也

孟子句甲午春晴松

맹자께서 말씀하셨다어물도 내가원하는 바요 웅장도 내가원하는
바지만 이둘을 겸하여얻을수 없다면 어물을 버리고 웅장을 취
하겠다 생도 내가원 하는바요 의도 내가원하는 바지만 이둘을 겸하
여 얻을수 없다면 삶을 버리고 의를 취 하겠다

舍生取義사생취의   29×54cm

32. 相敬如賓상경여빈

서로 공경하기를 손님처럼 하라

夫婦之倫 二姓之合 內外有別 相敬如賓
夫道和義 婦德柔順 夫唱婦隨 家道成矣. ≪四字小學≫

夫婦之倫	부부의 인륜은
二姓之合	두 성씨가 합한 것이니
內外有別	남편과 아내는 분별이 있고
相敬如賓	서로 공경하기를 손님처럼 해야 한다.
夫道和義	남편의 도리는 온화하고 의로운 것이요
婦德柔順	부인의 덕은 유순한 것이다.
夫唱婦隨	남편이 선창하고 부인이 따르면
家道成矣	집안의 도가 이루어질 것이다.

▶ 相敬如賓(상경여빈) 서로 공경하기를 손님처럼 하다. 부부가 서로 손님처럼 공경함.

▶ 四字小學(사자소학) 저자 미상으로 우리나라에서 편찬되었으며, 소학小學을 바탕으로 아동들이 알기 쉬운 내용만을 뽑아서 만든 책으로, 사자일구四字一句로 되어 있음.

夫婦之倫二姓之合內外有別
相敬如賓夫道和義婦德柔順
夫唱婦隨家道成矣

學小學句
甲午夏畔松

부부의 인륜은 두 성씨가 합한 것이니 남편과 아내는 분별이 있고 서로 존경하기를 손님처럼 해야 한다 남편의 도리는 온화하고 의로울 것이요 부인의 덕은 유순한 것이다 남편이 선창하고 부인이에 따르면 집안의 도가 이루어질 것이다 갑오여름 반송

相敬如賓 상경여빈

28×41㎝

33. 上善若水 상선약수

최고의 선은 물과 같다

上善若水 水善利萬物 而不爭

處衆人之所惡 故幾於道. ≪道德經≫

上善若水	최상의 선은 물과 같다.
水善利萬物	물은 만물을 잘 이롭게 하고도
而不爭	다투지 않고
處衆人之所惡	모든 사람이 싫어하는 곳에 있다.
故幾於道	그러므로 거의 도에 가깝다.

▶ 上善若水(상선약수) 최고의 선은 물과 같다는 뜻으로, 모든 것을 이롭게 하면서도 다투지 않으며 항상 낮은 데로 임하는 물의 덕을 일컬음.

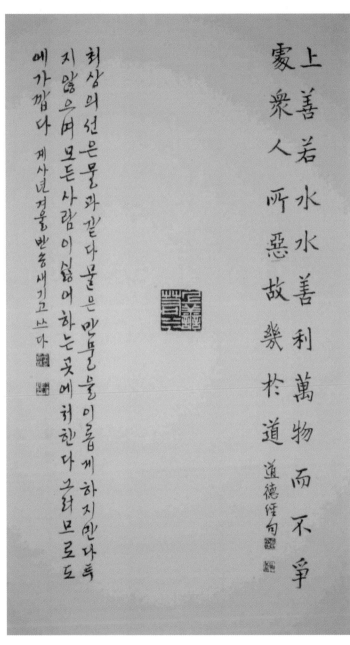

上善若水水善利萬物而不爭

處衆人所惡故幾於道

道德經句

최상의선은물과같다물은만물을이롭게하지만다툼
지않으며모든사람이싫어하는곳에거한다그러므로
에가깝다 계사년겨울반송세기고쓰다

上善若水상선약수   27×48cm

34. 惜言如金 석언여금

말 아끼기를 황금같이 하라

惜言如金 韜跡如玉
淵默沉靜 矯詐莫觸
斂華于衷 久而外燭. <李德懋/晦箴>

晦箴	회잠
惜言如金	말 아끼기를 황금같이 하고
韜跡如玉	자취 감추기를 옥같이 하며
淵默沉靜	깊이 침묵하고 고요히 침잠하여
矯詐莫觸	허위와 접촉하지 마라.
斂華于衷	빛남을 속에 거두어들이면
久而外燭	오래되면 밖으로 빛 나니라.

▸ 晦箴(회잠) 어두운 곳에서 자신을 갈고닦아서 빛내자는 잠언箴言.

▸ 惜言如金(석언여금) 말 아끼기를 황금같이 함.

▸ 韜跡如玉(도적여옥) 자취 감추기를 옥같이 함.

▸ 李德懋(이덕무 1741~1793) 조선 후기 학자. 자 무관懋官, 호 형암炯庵·
아정雅亭·청장관靑莊館.

惜言如金 鞱跡 如玉 淵黙
沈靜矯 詐 莫 觸 斂 華 于 衷
久而外燭

雅亭先生 陶 歲甲午夏畔松

말아끼기를 황금같이 하고 자취 감추 기를 옥같이 하여 깊
이 침묵하고요 허위 와 접촉 하지 마 라 빛남
을 속에 거두 어 들 이면 오래 되면 밖으로 빛나 니라

惜言如金 석언여금   30×45㎝

35. 惜寸陰 석촌음
촌음을 아껴라

讀書可以悅親心 勉爾孜孜惜寸陰
老矣無能徒自悔 頭邊歲月苦駸駸. <李集詩/長兒遊學佛國寺以詩示之>

長兒遊學佛國寺 以詩示之	불국사에서 공부하는 큰 아이에게 시를 지어 보이다.
讀書可以悅親心	독서는 어버이의 마음을 기쁘게 하니
勉爾孜孜惜寸陰	너는 시간을 아껴서 부지런히 공부하라.
老矣無能徒自悔	늙어서 무능하면 공연히 후회만 하게 되니
頭邊歲月苦駸駸	머리맡의 세월은 괴롭도록 빠르기만 하느니라.

▶ 惜寸陰(석촌음) 짧은 시간을 아끼다. 촌음寸陰은 아주 짧은 시간.

▶ 駸駸(침침) 나아감이 썩 빠름.

▶ 李集(이집 1672~1747) 조선 후기 학자. 본관 진성眞城, 자 백생伯生, 호 세심재洗心齋·수월헌水月軒.

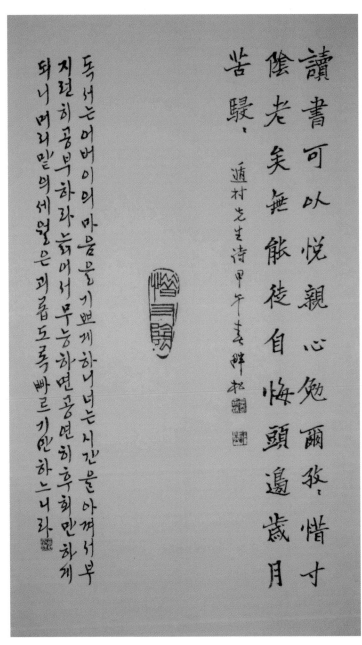

讀書可以悅親心勉爾孜孜惜寸
陰老矣無能徒自悔頭邊歲月
苦駸駸 遁村先生詩甲午春眸松

독서는어버이의마음을기쁘게하나니는시간을아껴서부
지런히공부하라늙어서무능하면공연히후회만하게
되니머리맡의세월은괴롭도록빠르기만하느니라

惜寸陰석촌음   25×42㎝

36. 先憂後樂 선우후락

근심은 먼저 즐거움은 뒤에

居廟堂之高 則憂其民 處江湖之遠 則憂其君 是進亦憂 退亦憂
然則何時而樂耶 其必曰 先天下之憂而憂 後天下之樂而樂歟. <岳陽樓記>

居廟堂之高	묘당의 높은 곳에 거하면
則憂其民	백성들을 걱정하고
處江湖之遠	강호의 먼 곳에 처하면
則憂其君	임금을 근심하니
是進亦憂	이는 나가도 또한 근심이요
退亦憂	물러나도 또한 근심하는 것이다.
然則 何時而樂耶	그렇다면 어느 때나 즐거워하겠는가?
其必曰	그 반드시 말하기를
先天下之憂而憂	"천하 사람들이 근심하기에 앞서 근심하고
後天下之樂而樂歟	천하 사람들이 즐거워 한 뒤에
	즐거워할 것이도다!"

▶ 先憂後樂(선우후락) 세상의 근심할 일은 남보다 먼저 근심하고 즐거워할
일은 남보다 뒤에 즐거워함. 곧 지사志士나 어진 사람의 마음.

▶ 岳陽樓記(악양루기) 중국 송宋나라의 정치가이며 학자인 범중엄范仲淹
(989~1052)이 지은 글.

居廟堂之高則憂其民 處
江湖之遠則憂其君 是進
亦憂退亦憂然則何時而樂耶 其必曰先天下之憂而憂
後天下之樂而樂歟 岳陽樓記句 蘭塘

묘당의 높은 곳에 거하면 백성들을 걱정하고 강호의 먼 곳에 거하면 임금을
근심하나니 나아가도 근심이오 물러가도 근심하는 것이다 그렇다면 어느때
나 즐거워 하겠는가 오반드시 권하사람들이 근심하기에 앞서서 근심하고 권하
사람들이 즐거워 한 뒤에 즐거워 할 것이다 갑오년 봄 반송 김래수

先憂後樂 선우후락   28×57cm

37. 歲不我延세불아연

세월은 나를 기다려 주지 않는다

勿謂今日不學而有來日
勿謂今年不學而有來年
日月逝矣 歲不我延
嗚呼老矣 是誰之愆. <朱熹/勸學文>

勿謂今日不學 而有來日	오늘 배우지 않고 내일이 있다고 말하지 말며
勿謂今年不學 而有來年	금년에 배우지 않고 내년이 있다고 말하지 말라.
日月逝矣	해와 달은 가니
歲不我延	세월은 나를 기다려 주지 않는다.
嗚呼老矣	아 늙었구나!
是誰之愆	이 누구의 허물인가?

▸ 歲不我延(세불아연) 세월은 나로 하여 늦추지 않음.

▸ 朱熹(주희 1130~1200) 중국 송宋나라의 유학자. 주자학朱子學을 창도하였
  으며 주자朱子라 일컬음.

82

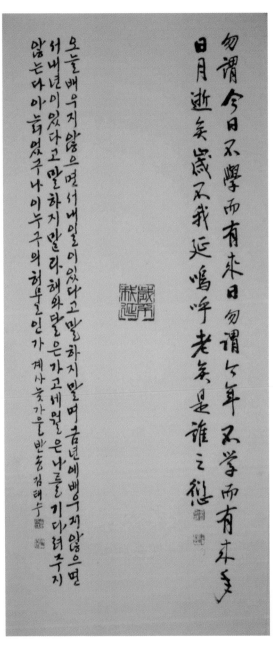

勿謂今日不學而有來日 勿謂今年不學而有來年
日月逝矣歲不我延嗚呼老矣是誰之愆

오늘배우지않으면서내일이있다고말하지말며금년에배우지않으면
서내년이있다고말하지말라해와달은나를기다려주지
않는다아늘었구나이누구의허물인가 계사늦가을 반송김태수

歲不我延세불아연   23×53㎝

38. 笑而不答소이부답

웃음 지으며 말이 없네

問余何事栖碧山 笑而不答心自閑

桃花流水杳然去 別有天地非人間. <李白詩/山中問答>

山中問答	산중문답
問余何事栖碧山	나에게 무슨 일로 푸른 산에 사는가 물으니
笑而不答心自閑	웃으며 답하지 않지만 마음은 절로 한가롭네.
桃花流水杳然去	복사꽃 물에 흘러 아득히 가니
別有天地非人間	별천지이지 인간세상은 아니네.

▸ 笑而不答(소이부답) 웃을 뿐 말을 하지 않음. 세속을 벗어나 자족自足하며
  산속에 사는 즐거움을 미소로 답함.

▸ 李白(이백. 701~762) 중국 당唐나라의 시인. 자 태백太白, 호 청련거사靑
  蓮居士. 두보杜甫를 시성詩聖이라 칭하는 데 대하여 시선詩仙으로 일컬음.

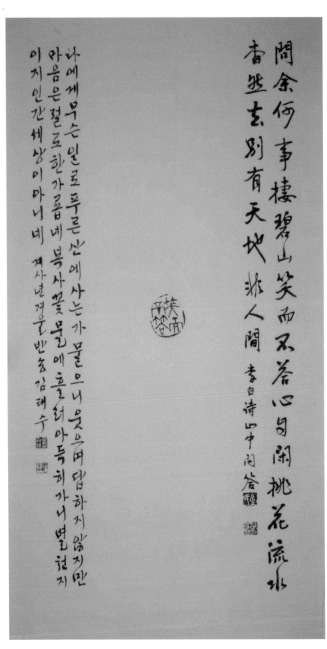

問余何事棲碧山笑而不答心自閑桃花流水
杳然去別有天地非人間 李白詩 山中問答

나에게 무슨 일로 푸른 산에 사는가 물으니 웃으며
마음은 절로 한가롭네 복사꽃 물에 흘러 아득히 가니 별천지
이지인간세상이아니네 계사년 경우 반송 김태수

笑而不答소이부답　　　　　　　　　　　　27×53cm

39. 守義方外 수의방외

의를 지켜 밖을 바르게 하다

君子主敬以直所內 守義以方其外 敬立而直內 義形而外方
義形於外 非在外也 敬義既立 其德盛矣 不期大而大矣
德不孤也 無所用而不周 無所施而不利 孰爲疑乎. ≪近思錄≫

君子主敬 以直其內	군자는 경을 힘써 그 안을 곧게 하고
守義 以方其外	의를 지켜 그 밖을 방정方正하게 한다.
敬立 而內直	경이 서면 안이 곧아지고
義形 而外方	의가 나타나면 밖이 방정해지니
義形於外	의는 밖에 나타나는 것이지
非在外也	밖에 있는 것은 아니다.
敬義既立	경과 의가 이미 서면
其德盛矣	그 덕은 성대해진다.
不期大 而大矣	크기를 기약하지 않아도 커지니
德不孤也	덕은 외롭지 않은 것이다.
無所用 而不周	쓰는 곳마다 두루 하지 않음이 없으며
無所施 而不利	베푸는 곳마다 이롭지 않음이 없으니
孰爲疑乎	누가 의심하겠는가?

▶ 主敬直內(주경직내) 경을 힘써 안을 곧게 함.

▶ 守義方外(수의방외) 의를 지켜 밖을 방정方正하게 함.

▶ 德不孤(덕불고) 덕이 있는 사람은 외롭지 않음. 남에게 덕을 베풀며 사는
   사람은 언젠가는 반드시 세상에서 인정을 받게 됨을 이름.

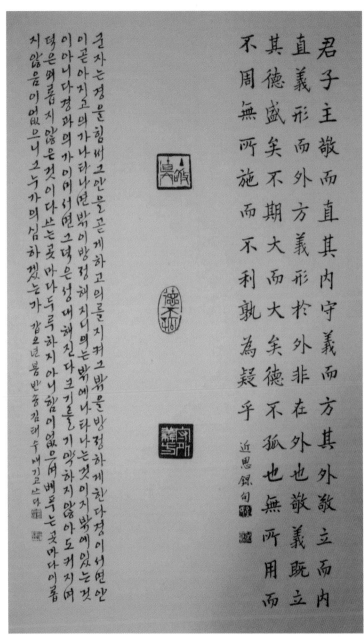

君子主敬而直其內守義而方其外敬立而內
直義形而外方義形於外非在外也敬義既立
其德盛矣不期大而大矣德不孤也無所用而
不周無所施而不利孰為彄乎 近思錄句

군자는 경을 힘써 그 안을 곧게 하고 의를 지켜 그 밖을 방정
하게 한다. 경이 서면 안
이 곧아지고 의가 나타나면 밖이 방정해지니 의는 밖에 있는 것
이 아니다. 경과 의가 이미 서면 그 덕은 성대해진다. 크기를
기약하지 않아도 커지며
덕은 외롭지 않은 것이다. 두루 하지 아니함이 없으며 베푸는
지 않음을 이없으니 그 누가 의심하겠는가 갑오년 봄 반중 김태수 쓰고 싶다

守義方外 수의방외　　　　　　　　　　　35×60㎝

40. 水滴石穿 수적석천

물방울이 돌을 뚫는다

繩鋸木斷 水滴石穿 學道者 須加力索
水到渠成 瓜熟蒂落 得道者 一任天機. ≪菜根譚≫

繩鋸木斷	실톱으로도 나무를 자를 수 있고
水滴石穿	물방울도 돌을 뚫을 수 있으니
學道者	도를 배우는 사람은
須加力索	모름지기 힘을 다해 찾아야 할 것이다.
水到渠成	물이 모이면 개천을 이루고
瓜熟蒂落	참외는 익으면 꼭지가 떨어지니
得道者	도를 얻으려는 사람은
一任天機	모든 것을 하늘의 기운에 맡겨야 할 것이다.

▶ 繩鋸木斷(승거목단) 실톱으로 나무를 자름.

▶ 水滴石穿(수적석천) 물방울이 돌을 뚫음. 작은 힘이라도 끊임없이 노력하면 성공할 수 있다는 의미.

▶ 天機(천기) 모든 조화造化를 꾸미는 하늘의 기밀機密, 하늘의 뜻. 전傳하여 중대한 기밀.

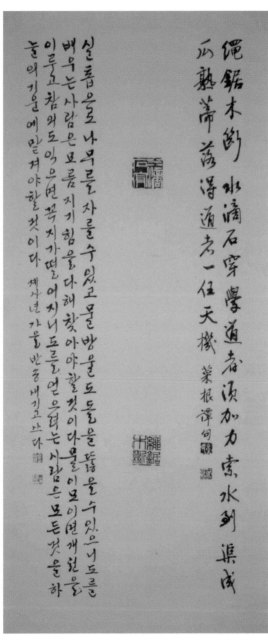

繩鋸木斷 水滴石穿 學道者須加力索 水到渠成
瓜熟蒂落 得道者一任天機 菜根譚句 ○○

실톱으로 나무를 자를 수 있고 물방울도 돌을 뚫을 수 있으니 도를
배우는 사람은 모름지기 힘을 다해 찾아야 할 것이다 물이 모이면 개천을
이루고 참외도 익으면 꼭지가 떨어지나니 도를 얻으려는 사람은 모든 것을 하
늘의 기운에 맡겨야 할 것이다 계사년 가을 반중배기고산다 ○○

水滴石穿 수적석천   27×54㎝

89

41. 身在畵圖신재화도

내가 그림 속에 있구나

秋陰漠漠四山空 落葉無聲滿地紅
立馬溪橋問歸路 不知身在畵圖中. <鄭道傳詩/訪金居士野居>

訪金居士野居	김거사의 별장을 찾아서
秋陰漠漠四山空	가을 구름도 아득하고 온 산은 고요한데
落葉無聲滿地紅	지는 잎은 소리 없이 땅에 가득 붉네.
立馬溪橋問歸路	시내 다리에 말을 세우고 길을 묻나니
不知身在畵圖中	내가 그림 속에 있는 줄 모르네.

▸ 身在畵圖(신재화도) 몸이 그림 속에 있음. 곧 아름다운 자연을 그림으로 표현함.

▸ 鄭道傳(정도전 1342～1398) 고려 말·조선 초 정치가·학자. 본관 봉화奉化, 자 종지宗之, 호 삼봉三峯.

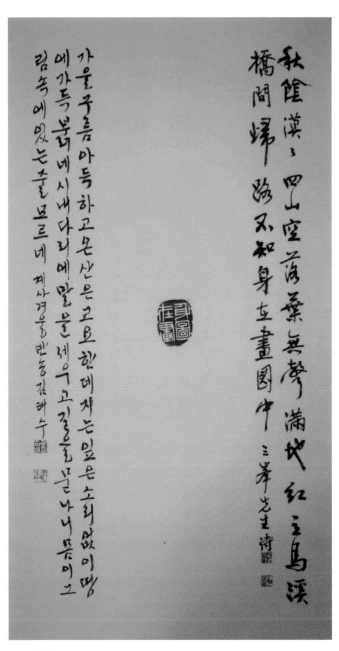

秋陰漠漠 四山空 落葉無聲滿地紅 三鳥溪
橋間歸路 不知身在畫圖中 三峯先生詩

가을 구름 아득하고 온 산은 고요한데 지는 잎은 소리없이 이땅
에 가득 붉네 시내다리에 말 들 세우고 길몰라 물나 몸이그
림속에 있는 줄 모르네 제사경욱 반송김해수

身在畫圖 신재화도   25×45cm

42. 十年磨劍 십년마검

십 년 동안 한 자루 칼을 갈다

十年磨一劍 霜刃未曾試

今日把似君 誰有不平事. <賈島詩/劍客>

劍客	검객
十年磨一劍	십 년 동안 한 자루 칼을 갈아왔으나
霜刃未曾試	서릿발 같은 칼날 아직 써 보지 않았네.
今日把似君	오늘 이 칼을 그대에게 주노니
誰有不平事	누가 불평하는 일이 있겠는가?

▶ 十年磨劍(십년마검) 십 년을 두고 칼 한 자루를 간다는 말로, 어떤 목적을 위해 때를 기다리며 준비를 게을리하지 않는다는 뜻.

▶ 賈島(가도 ?779~843) 중국 당唐나라의 시인. 자 낭선浪仙, 호 갈석산인碣石山人, 승려명 무본無本.

92

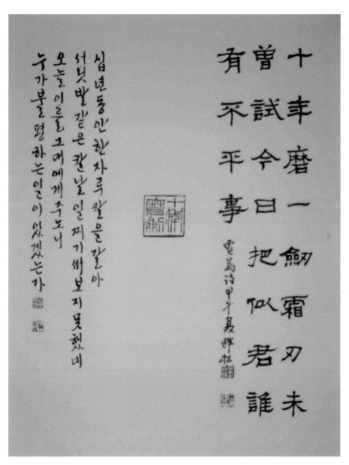

十年磨劍십년마검　　　　　　　　　　　　25×35㎝

43. 愛民爲國애민위국

백성을 사랑하고 나라를 위하다

時來天地皆同力 運去英雄不自謀
愛民正義我無失 爲國丹心誰有知. <全琫準/絶命詩>

絶命詩	절명시
時來天地皆同力	때가 오면 하늘과 땅도 힘을 함께하지만
運去英雄不自謀	운이 가니 영웅도 자신을 도모하지 못하는구나.
愛民正義我無失	백성을 사랑하는 정의를 내 잃지 않았으니
爲國丹心誰有知	나라 위한 단심을 누가 알아주리오?

▸ 絶命詩(절명시) 목숨[命]을 끊기[絶] 전에, 목숨이 끊어지기 전에 지은 시.

▸ 愛民爲國(애민위국) 백성을 사랑하고 나라를 위함.

▸ 全琫準(전봉준 1855~1895) 조선 말기 동학농민운동 지도자. 본관 천안天安, 초명 명숙明淑, 호 해몽海夢, 별명 녹두장군綠豆將軍.

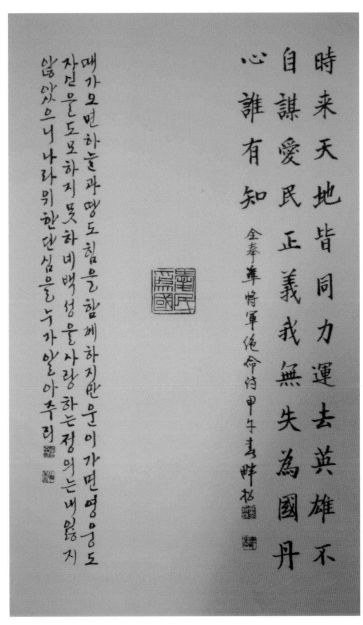

時来天地皆同力運去英雄不
自謀愛民正義我無失為國丹
心誰有知 全奉準將軍絶命詩甲午春畔松

때가오면 하늘과 땅도 힘을 함께 하지만 운이 가면 영웅도
자신을 도모하지 못하네 백성을 사랑하는 정의는 내잃지
않았으니 나라 위한 단심을 누가 알아주리

愛民爲國애민위국　　　　　　　　　　25×42㎝

44. 良藥苦口양약고구

좋은 약은 입에 쓰다

良藥苦於口　而利於病
忠言逆於耳　而利於行. ≪孔子家語≫

良藥苦於口	좋은 약은 입에 쓰지만
而利於病	병에는 이롭고
忠言逆於耳	충성스러운 말은 귀에는 거슬리지만
而利於行	행동에 이롭다.

▸ 良藥苦口(양약고구) 좋은 약은 입에 씀.

▸ 忠言逆耳(충언역이) 바른 말은 귀에 거슬림.

▸ 孔子家語(공자가어) 공자의 언행 및 문인과의 논의를 수록한 책. 본래는 27권이었으나 실전失傳되고 현재 전하는 것은 위魏나라의 왕숙王肅(195~256)이 공자에 관한 기록을 모아 주를 붙인 것으로 10권 44편임.

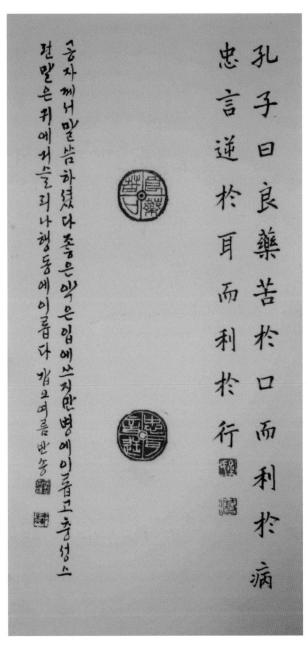

孔子曰良藥苦於口而利於病 忠言逆於耳而利於行

공자께서 말씀하셨다 좋은 약은 입에 쓰지만 병에 이롭고 충성스 런 말은 귀에 거슬리나 행동에 이롭다 갑오여름 반농

良藥苦口양약고구　　　　　　　　　　20×40㎝

45. 與民由之여민유지
백성과 함께하다

居天下之廣居 立天下之正位 行天下之大道 得志 與民由之 不得志 獨行其
道 富貴不能淫 貧賤不能移 威武不能屈 此之謂大丈夫. ≪孟子≫

居天下之廣居	천하의 넓은 집[仁]에 거처하며
立天下之正位	천하의 바른 자리[禮]에 서며
行天下之大道	천하의 대도[義]를 행하여
得志	뜻을 얻으면
與民由之	백성과 더불어 말미암고
不得志	뜻을 얻지 못하면
獨行其道	홀로 그 도를 행하여
富貴不能淫	부귀가 마음을 방탕하게 하지 못하며
貧賤不能移	빈천이 절개를 바꾸게 하지 못하며
威武不能屈	위무가 지조를 굽히게 할 수 없는 것
此之謂大丈夫	이를 대장부라 이른다.

▸ 與民由之(여민유지) 뜻을 얻으면 백성과 함께 함.
▸ 獨行其道(독행기도) 뜻을 얻지 못하면 홀로 수신의 도를 행함.

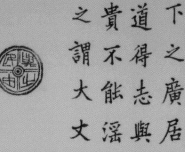

居天下之廣居立天下之正位行天下
之大道得志與民由之不得志獨行其
道富貴不能淫貧賤不能移威武不能
屈此之謂大丈夫

孟子句甲午之夏節 晔松

천하의 넓은 집에거처하며 천하의 바른 자리에 서며 천하의 큰도를 행하여
뜻을 얻으면 백성과 말미암고 뜻을 얻지못하면 홀로 그도를 행하여
부귀가 마음을 방탕하게 할수없으며 빈천이 절개를 바꾸게 할수없으
며 위무가 지조를 굽히게 할수없는 것 이를데 장부라 이른다

與民由之여민유지   28×52㎝

46. 鳶飛魚躍연비어약

솔개는 날고 고기는 뛰네

人間萬事摠悠悠　獨向淸江理釣舟
霽月光風眞自得　鳶飛魚躍儘同流
倦來岸幘靑山夕　興到携筇赤葉秋
雲物四時供氣像　從知吾道在滄洲. ＜洪柱世詩/西湖漫興＞

西湖漫興	서호 만흥
人間萬事摠悠悠	인간 만사가 다 느긋하니
獨向淸江理釣舟	홀로 맑은 강을 향해 낚시 배 띄우네.
霽月光風眞自得	밝은 달과 맑은 바람은 참으로 스스로 얻고
鳶飛魚躍儘同流	솔개가 날고 고기가 뛰며 다 함께 흐르네.
倦來岸幘靑山夕	피곤하여 노을 진 청산에 두건 젖히고
興到携筇赤葉秋	흥이 나면 가을 단풍에 지팡이 짚고 가네.
雲物四時供氣像	사계절 경치와 기상을 함께하니
從知吾道在滄洲	나의 도가 창주滄洲에 있음을 알겠네.

▸ 霽月光風(제월광풍) 갠 날의 달과 맑은 바람. 맑고 밝은 인품에 비유함.

▸ 鳶飛魚躍(연비어약) 솔개가 날고 물고기가 뜀. 자연스럽게 하늘에 솔개가 날고 물속에 고기가 뛰노는 것과 같이 천지조화의 작용이 오묘함을 이름.

▸ 滄洲(창주) 맑고 푸른 물가. 은자隱者가 사는 곳. 강호江湖.

▸ 洪柱世(홍주세. 1612~1661) 조선 중기 문신. 본관 풍산豊山, 자 숙진叔鎭, 호 정허당靜虛堂.

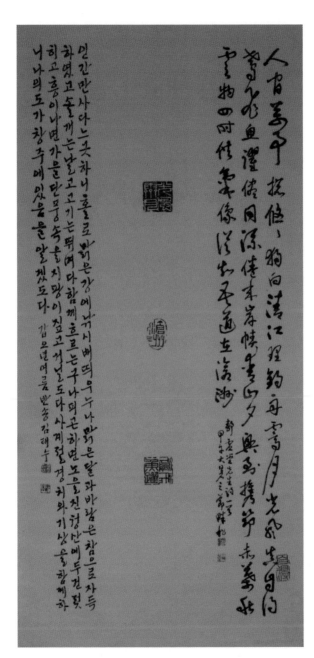

人有萬千 楚僙╲狗白淸江 理釣 每 雲月先飛
蒼을ㄹ水魚躍僊同凉 僊末崇惰書四夕 與ㄹ 携節 赤蓋飛
雲物四時作氣像 淸出平遼左濱渝

春意澤光生詩意一ㄹ
甲年大暑三節陣松☐

인간 만사 다 느 곳 차 니 홀로 밝은 이 누 나 밝은 달 과 바 람 은 참 으 로 자 득
하 였 고 솔 개 는 날 고 고 기 는 뛰 며 다 함 께 흐 르 는 구 나 외 곤 하 면 모 을 친 경 산 에 두 경 텃
하 고 흥 이 나 면 가 을 단 풍 속 을 지 팡 이 집 고 거 닐 도 다 사 계 절 경 치 와 기 상 을 함 께 하
너 나 의 도 가 창 주 에 있 음 을 알 겠 도 다. 갑 오 년 여 름 반 송 김 태 수☐

☐

鳶飛魚躍연비어약　　　　　　　　　　31×65cm

47. 煙含落照연함낙조

물안개는 노을을 머금고

衝炎暫出漢江湄 忽有靑山入我詩

湖水正容靑雀舫 仙郎皆自白雲司

煙含落照低津樹 風引輕陰度酒巵

取樂却愁軒騎動 嚴城回首月如眉. <許筠詩/僚友泛舟東湖晚歸>

僚友泛舟東湖晚歸　　　동료들과 동호에서 뱃놀이하고 늦게 돌아오다.

衝炎暫出漢江湄　　　　뙤약볕 맞으며 한강 가에 잠깐 나가니

忽有靑山入我詩　　　　문득 청산이 내 시에 들어오네.

湖水正容靑雀舫　　　　호수에는 조각배 바로 떠 있고

仙郎皆自白雲司　　　　선랑들은 모두 형조에서 왔네.

煙含落照低津樹　　　　물안개는 놀 머금어 나루 숲에 머물러 있고

風引輕陰度酒巵　　　　바람은 엷은 그늘 끌어 술잔을 넘어가네.

取樂却愁軒騎動　　　　즐거움에 도리어 돌아가기 싫어지는데

嚴城回首月如眉　　　　존엄한 성에 고개 돌리니 달이 눈썹 같네.

▶ 白雲司(백운사) 추관秋官, 즉 형조나 사헌부 등의 관아를 이름.

▶ 煙含落照(연함낙조) 물안개가 노을을 머금음. 곧 아름다운 풍경.

▶ 風引輕陰(풍인경음) 바람은 엷은 그늘을 끎.

▶ 取樂(취락) 즐김.

▶ 許筠(허균. 1569~1618) 조선 중기 문신. 본관 양천陽川, 자 단보端甫, 호
교산蛟山·학산鶴山·성소惺所·백월거사白月居士.

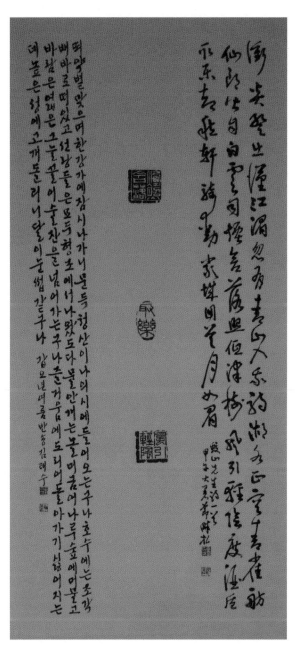

煙含落照 연함낙조   29×65cm

48. 溫故知新 온고지신

옛것을 익혀서 새것을 알다

君子尊德性而道問學 致廣大而盡精微 極高明而道中庸
溫故而知新 敦厚以崇禮 是故居上不驕 爲下不倍. ≪中庸≫

君子尊德性	군자는 덕성을 높이고
而道問學	학문으로 길을 삼으며
致廣大	넓고 큼에 이르되
而盡精微	정교하고 세밀함을 다하며
極高明	높고 밝음을 지극히 하되
而道中庸	중용으로 길을 삼으며
溫故而知新	옛것을 익혀서 새것을 알며
敦厚以崇禮	돈독히 하고 두터운 것으로 예를 높인다.
是故 居上不驕	그러므로 윗자리에 거해서는 교만하지 않고
爲下不倍	아랫 사람이 되어서도 배반하지 않는다.

▶ 溫故知新(온고지신) 옛것을 익혀서 새것을 앎.

▶ 敦厚崇禮(돈후숭례) 돈독히 하고 두터운 것으로 예를 높임.

君子尊德性而道問學致廣大而盡精微
極高明而道中庸溫故而知新敦厚以崇
禮是故居上不驕為下不倍 中庸句

군자는 덕성을 높이고 학문으로 길을 삼으며 넓고 큼에 이르되 정교하고 세밀함을 다하며 밝음을 지극히 하되 중용으로 길을 삼으며 옛것을 익히어 새것을 알며 돈독하고 두터운 것으로 예를 높인다 그러므로 윗자리에 거해서는 교만하지 않고 아랫사람이 되어서도 배반하지 않는다   갑오년 봄반송

溫故知新 온고지신 27×52cm

49. 樂山樂水 요산요수

물을 좋아하고 산을 좋아하다

子曰 知者樂水 仁者樂山

知者動 仁者靜 知者樂 仁者壽. ≪論語≫

子曰	공자께서 말씀하였다.
知者樂水	"지혜 있는 사람은 물을 좋아하고
仁者樂山	어진 사람은 산을 좋아하며
知者動	지자는 동적이고
仁者靜	인자는 정적이며
知者樂	지자는 낙천적이고
仁者壽	인자는 장수한다."

▶ 樂山樂水(요산요수) 산을 좋아하고 물을 좋아함. 지혜 있는 자는 물과 같이 막힘이 없으므로 물을 좋아하고, 어진 자는 의리에 밝고 산과 같이 중후하여 변하지 않으므로 산을 좋아한다는 뜻.

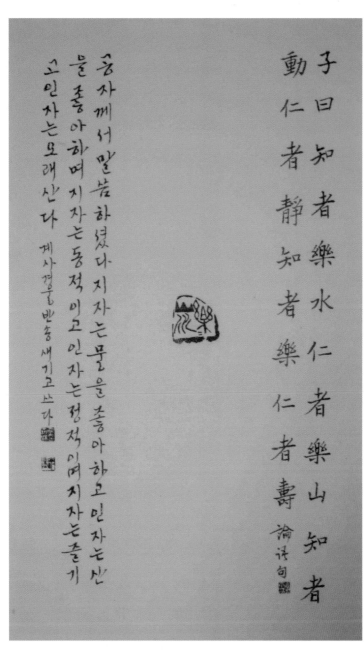

子曰 知者樂水 仁者樂山 知者
動 仁者靜 知者樂 仁者壽 論語句

공자께서 말씀하셨다 지자는 물을 좋아하고 인자는 산
을 좋아하며 지자는 동적이고 인자는 정적이며 지자는 즐기
고 인자는 오래 산다 계사경오반송새기고쓰다

樂山樂水 요산요수   27×47㎝

50. 月白風淸월백풍청
밝은 달 맑은 바람

臨溪茅屋獨閑居　月白風淸興有餘
外客不來山鳥語　移床竹塢臥看書. <吉再詩/述志>

述志	술지
臨溪茅屋獨閑居	시냇가 초가에서 한가히 지내니
月白風淸興有餘	달 밝고 바람 맑아 흥취가 넉넉하네.
外客不來山鳥語	찾아오는 손님은 없고 산새들 지저귀고
移床竹塢臥看書	대나무 언덕에 책상을 옮겨 책을 보노라.

▶ 閑居(한거) 한가하고 조용하게 삶. 하는 일 없이 집에 한가히 있음.

▶ 月白風淸(월백풍청) 달은 빛나고 바람은 맑음, 곧 달 밝은 가을밤.

▶ 吉再(길재. 1353~1419) 고려 말 조선 초 성리학자. 고려삼은高麗三隱의
　한 사람. 본관 해평海平, 자 재보再父, 호 야은冶隱・금오산인金烏山人.

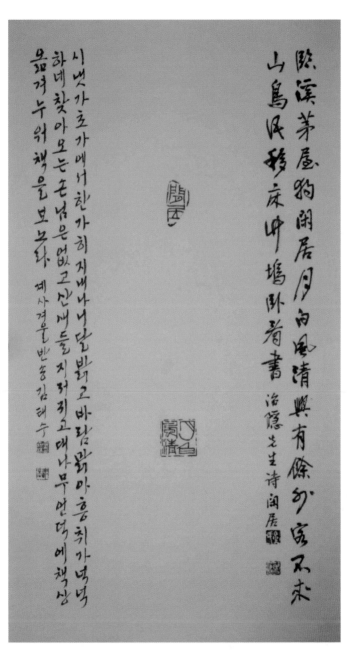

臨溪茅屋獨閑居
月白風清興有餘
外客不來
山鳥飛移床坤塢
臥着書

治隱先生詩 閑居

시냇가 초가에서 한가히 지내나니
달 밝고 바람 맑아 흥취가 넉넉
하데 찾아오는 손님은 없고 산새들 지저귀고 대나무 언덕에 책상
옮겨 누워 책을 보누나

계사경오 반송 김태수

月白風淸 월백풍청   28×51㎝

51. 榴房作盃유방작배

석류를 쪼개 술잔 만들고

松下柴門相向開 秋陽終日在蒼苔
殘蟬葉冷鳴鳴抱 一鳥庭空啄啄來
粉甘葛笋咬爲筆 核爛榴房剖作盃
朱柿千林鄰舍富 悔從初寓未曾栽. <黃玹詩/偶成>

偶成	우연히 이루다.
松下柴門相向開	솔 아래 사립짝은 서로 마주해 열려 있고
秋陽終日在蒼苔	가을볕은 종일 푸른 이끼를 비추네.
殘蟬葉冷鳴鳴抱	초가을 매미는 시든 잎 새 안고 울어대고
一鳥庭空啄啄來	외론 새는 빈 뜰에 와서 먹이를 쪼네.
粉甘葛笋咬爲筆	분말 달콤한 칡 순을 씹어서 붓을 만들고
核爛榴房剖作盃	씨 곱게 익은 석류를 쪼개서 술잔을 만드네.
朱柿千林鄰舍富	온 숲 붉은 감나무인 이웃집은 부자로다
悔從初寓未曾栽	처음에 이사해서 심지 않은 게 후회스럽네.

▶ 葛笋爲筆(갈순위필) 칡 순을 씹어서 붓을 만듦.

▶ 榴房作盃(유방작배) 석류를 쪼개서 술잔을 만듦.

▶ 黃玹(황현 1855~1910) 구한 말 시인·학자. 본관 장수長水, 자 운경雲卿, 호 매천梅泉. 1910년에 일본에 국권을 강탈당하자 망국의 울분을 이기지 못하고 자결自決함.

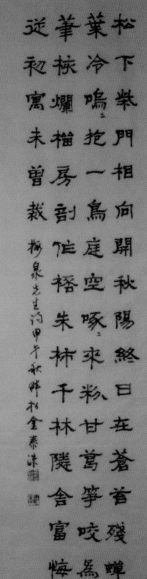

松下柴門相向開秋陽終日在蒼苔殘蟬
葉冷鳴抱一鳥定空啄來粉甘蔦笋咬爲
筆梜爛榴房剖作楂朱柿千林隈舍富悔
迷初寓未曾栽

檞泉先生詞甲午秋鮮松金泰洙

솔아래 사립짝은 서로 마주 열려 있고 가을볕은 온종일 푸른 이끼를
비추는데 초가울 매미는 시든 잎새 안고 울어 외로운데 빈 뜰에 와 먹이
를 쪼던 본 달곰한 칡순으로 씹어서 붓을 만들고 씨 굽은 넉류를 쪼
개어 술잔을 만드네 온호이 붉은 감나무인 이웃집은 부자로다 애당초 감
나무 심지 않음은 제 후회스럽네 갑오년 가을 반송김태수

榴房作盃유방작배   32×53cm

52. 意淨心淸 의정심청

뜻이 고요하면 마음이 맑아진다

心虛則性現 不息心而求見性 如撥波覓月
意淨則心淸 不了意而求明心 如索鏡增塵. ≪菜根譚≫

心虛則性現	마음이 비면 본성이 나타나나니
不息心	마음을 쉬지 않고
而求見性	본성보기를 구함은
如撥波覓月	물결을 헤치고 달을 찾음과 같다.
意淨則心淸	뜻이 고요하면 마음이 맑아지나니
不了意	뜻을 밝게 하지 않고
而求明心	마음 밝기를 구함은
如索鏡增塵	거울을 찾아 먼지를 더함과 같다.

▸ 心虛性現(심허성현) 마음이 비면 본성이 나타남.

▸ 意淨心淸(의정심청) 뜻이 고요하면 마음이 맑아짐.

112

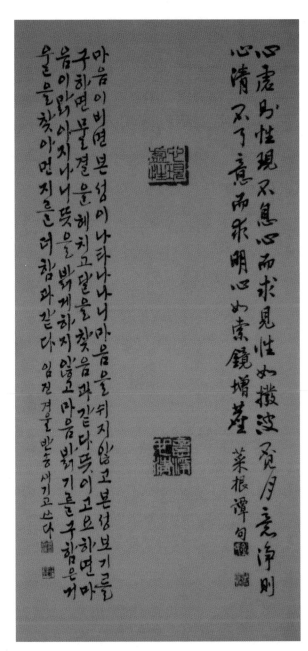

心虛則性現不息心而求見性如撥波覓月意淨則心清不了意而求明心如索鏡增塵　菜根譚句

마음이 비면 본성이 나타나나니 마음을 쉬지 않고 본성 보기를 구하면 물결을 헤치고 달을 찾음과 같다 뜻이 고요하면 마음이 맑아지나니 뜻을 밝게 하지 않고 마음 밝기를 구함은 거울을 찾아면 지를 더함과 같다 임진 겨울 반송 쓰기고 싶다

意淨心淸 의정심청　　　　　　　　　　23×53㎝

53. 一視同仁 일시동인

하나로 보아 똑같이 사랑하다

天者日月星辰之主也 地者草木山川之主也 人者夷狄禽獸之主也 主而暴之
不得其爲主之道矣 是故聖人 一視而同仁 篤近而擧遠. <原人>

天者 日月星辰之主也	하늘은 일월성신의 주인이요
地者 草木山川之主也	땅은 초목산천의 주인이요
人者 夷狄禽獸之主也	사람은 이적과 금수의 주인이니
主而暴之	주인이 난폭하게 한다면
不得其爲主之道矣	주인 된 도리를 못하는 것이다.
是故聖人	이런 까닭에 성인은
一視而同仁	하나로 보아 똑같이 사랑하고
篤近而擧遠	가까운 것을 돈독히 하면서도 먼 것을 드는 것이다.

▸ 一視同仁(일시동인) 하나로 보아 똑같이 사랑함. 누구나 차별 없이 대함.
▸ 原人(원인) 당송팔대가 한 사람인 한유韓愈(768~824)가 지은 '오원五原'
  <원도原道 · 원성原性 · 원훼原毁 · 원인原人 · 원귀原鬼> 중 한 편으로 논
  변류論辨類의 글.

天者日月星辰之主也地者草木山川
之主也人者夷狄禽獸之主也主而暴
之不得其爲主之道矣是故聖人一視
而同仁蔦近而擧遠

原人句 癸巳菊秋畔松

하늘은일월성신의주인이요땅은초목산천의주인이요사람은이적
과금수의주인이니주인이면주인된도리를못하는것
이다이런까닭에성인은차나로보아똑같이사랑하고가까운것을돈독
치하면서도먼것을드는것이다

제사년가을반송김태수

一視同仁 일시동인   26×50㎝

54. 一片丹心일편단심

한 조각 붉은 마음

此身死了死了　一百番更死了
白骨爲塵土　魂魄有也無
向主一片丹心　寧有改理也歟. <鄭夢周/漢譯丹心歌 >

丹心歌	단심가
此身死了死了	이 몸이 죽고 죽어
一百番更死了	일백 번 고쳐 죽어
白骨爲塵土	백골이 진토 되어
魂魄有也無	넋이라도 있고 없고
向主一片丹心	임 향한 일편단심이야
寧有改理也歟	가실 줄이 있으랴.

▸ 一片丹心(일편단심) 한 조각의 붉은 마음이란 뜻으로, 변치 않는 참된 마음.

▸ 丹心歌(단심가) 이성계李成桂가 위화도威化島에서 회군하였을 때, 뒤에 태
종이 된 이방원李芳遠이 포은의 뜻을 떠보려고 읊은 '하여가何如歌'에 답
하여 지은 시조.

▸ 鄭夢周(정몽주 1337~1392) 고려삼은高麗三隱의 한 사람. 고려 말 문신・
학자. 본관 영일迎日, 자 달가達可, 호 포은圃隱.

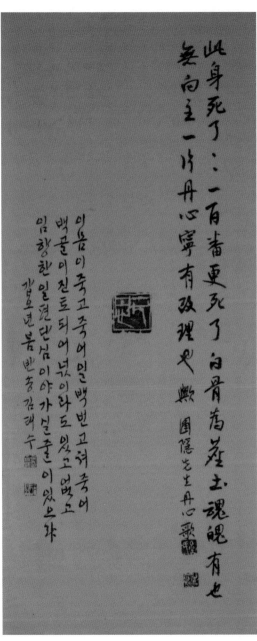

此身死了死了 一百番更死了 白骨爲塵土 魂魄有也 無 向主一片丹心寧有改理也歟

圃隱先生丹心歌

이몸이 죽고 죽어 일백번 고쳐 죽어
백골이 진토되어 넋이라도 있고 없고
임 향한 일편단심이야 가싈줄이 있으랴

갑오년 봄 반송 김태수

一片丹心일편단심　　　　　　　20×47㎝

117

55. 存心養性 존심양성

마음을 보존하여 본성을 기르다

孟子曰 盡其心者 知其性也 知其性 則知天矣 存其心 養其性 所以事天也
夭壽不貳 修身以俟之 所以立命也. ≪孟子≫

孟子曰	맹자께서 말씀하셨다.
盡其心者	"자기 마음을 다하는 자는
知其性也	그 성을 아니
知其性	그 성을 알면
則知天矣	하늘을 알게 된다.
存其心	그 마음을 보존하여
養其性	그 성을 기름은
所以事天也	하늘을 섬기는 것이요
夭壽不貳	일찍 죽거나 오래 삶을 의심치 아니하여
修身以俟之	몸을 닦고 천명을 기다림은
所以立命也	명을 세우는 것이다."

▶ 存心養性(존심양성) 마음을 보존하여 그 성을 기름. 마음, 즉 양심을 잃지
말고 그대로 간직하여 그 성품 하늘이 준 본성을 키워 나감.

孟子曰盡其心者知其性也知天
矣存其心養其性所以事天也殀壽不貳修
身以俟之所以立命也　孟子句

맹자께서 말씀 하셨다 자기마음을 다하는자는 그성을 아
니그성을 알면 하늘을 알게된다 그마음을 온존혼
하여 성을
기름은 하늘을섬기는 것이다 일찍 죽거나 오래삶을 의심치 아
니하여 몸을닦고 천명을 기다림은 명을 세우는 것이다

계사편경우 반송 김태수

存心養性존심양성　　　　　　　　　　　　　　　　31×42cm

56. 從吾好종오호
내 좋은 대로 하리라

旨酒禁臠不可得 淹菜糲飯日日飽
飽後偃臥又入睡 睡覺啜茗從吾好. <金時習詩/戱爲五絶>

戱爲五絶	장난삼아 다섯 절구를 짓다.
旨酒禁臠不可得	맛있는 술 좋은 고기야 얻을 수 없지만
淹菜糲飯日日飽	절인 나물에 거친 밥으로 날마다 배부르네.
飽後偃臥又入睡	배부른 뒤엔 드러누워 또 잠자고
睡覺啜茗從吾好	잠이 깨면 차 마시며 내 좋은 대로 하리라.

▸ 從吾好(종오호) 자기가 좋아하는 대로 좇아서 함. 종오소호從吾所好.

▸ 金時習(김시습 1435~1493) 조선 초 학자·문인. 생육신生六臣의 한 사람.
  본관 강릉江陵, 자 열경悅卿, 호 매월당梅月堂·청한자淸寒子·동봉東峰 등.

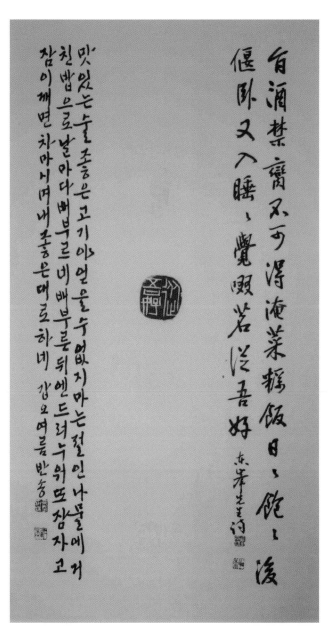

自酒禁竇不可得淹菜糝飯日日飽飽後
僵卧又入睡睡覺嘅若浴吾好 東坡先生詩

맛있는술좋은고기야얻을수없지마는절인나물에
친밥으로날아다배부르니배부른뒤엔드러누워또잠자고
잠이깨면차마시며내좋은대로하네 갑오여름 반송

從吾好종오호   26×46cm

57. 酒飮微醉주음미취

술은 약간 취할 정도로 마셔라

花看半開 酒飮微醉 此中大有佳趣

若至爛漫酕醄 便成惡境矣 履盈滿者 宜思之. ≪菜根譚≫

花看半開	꽃은 반쯤 피었을 때 보고
酒飮微醉	술은 약간 취할 정도로 마시면
此中大有佳趣	이 가운데 아주 아름다운 멋이 있다.
若至爛漫酕醄	꽃이 활짝 피고 술이 흠뻑 취하는 데까지 이르면
便成惡境矣	곧 추악한 경지가 되니
履盈滿者	가득한 상태에 있는 사람은
宜思之	마땅히 이를 생각하여야 한다.

▶ 花看半開(화간반개) 꽃은 반쯤 피었을 때 봄. 활짝 핀 꽃을 보는 것보다 반쯤 핀 꽃을 보는 것이 더욱 아름답다는 의미.

▶ 酒飮微醉(주음미취) 술은 약간 취할 정도로 마심. 술의 정도는 약간 취기가 있을 때가 가장 적당하다는 것.

花香年開酒飲微醉 生中大有佳趣 至爛漫便成惡境 矣履盈滿者宜思之 菜根譚句

꽃은 반쯤 피었을 때 보고 술은 약간 취할 정도로 마시면 그 가운데 때 우아름다운 멋이 있다 만약 꽃이 활짝 피고 술이 흠뻑 취하는 데까지 마시면 곧 추악한 경지가 되니 가득 한 상태에 있는 사람은 마땅히 이를 생각해야 하니라 임진 겨울 반롱새 기고 쓰다

酒飲微醉주음미취　　　　　　　　　　26×60㎝

58. 知足不辱 지족불욕

족함을 알면 욕되지 않는다

名與身孰親 身與貨孰多 得與亡孰病 是故甚愛必大費 多藏必厚亡

知足不辱 知止不殆 可以長久. ≪道德經≫

名與身孰親	이름과 몸 중 어느 것을 가까이 하며
身與貨孰多	몸과 재물 중 어느 것을 많이 가졌으며
得與亡孰病	얻음과 잃음 중 어느 것이 병인가?
是故	이런 까닭에
甚愛必大費	애착이 심하면 반드시 크게 쓰게 되고
多藏必厚亡	쌓아둠이 많으면 반드시 많이 잃게 된다.
知足不辱	족함을 알면 욕되지 않고
知止不殆	그칠 줄 알면 위태롭지 아니하여
可以長久	길고 오래갈 수 있다.

▶ 知足不辱(지족불욕) 족함을 알면 욕되지 않음.

▶ 知止不殆(지지부태) 그칠 줄 알면 위태롭지 않음. 곧 제 분수를 알아 만족
할 줄 아는 경계. 지족지계止足之戒.

名與身孰親身與貨孰多得與亡孰病
是故甚愛必大費多藏必厚亡知足不
辱知止不殆可以長久

道德經句 甲午 李師松

이름과 몸 중 어느 것을 가까이 하며 몸과 재물 중 어느 것을 많이 가졌으
면 얻음과 잃음 중 어느 것이 병인가 이런 까닭에 애착이 심하면 반드시 크게 쓰
게 되고 쌓아둠이 많으면 반드시 많이 잃게 된다 족함을 알면 욕되지 않고
그칠 줄 알면 위태롭지 아니하여 길고 오래 갈 수 있다

知足不辱지족불욕   28×50㎝

59. 志學지학

학문에 뜻을 두다

子曰 吾十有五而志于學 三十而立 四十而不惑 五十而知天命 六十而耳順
七十而從心所欲 不踰矩. ≪論語≫

子曰	공자께서 말씀하셨다.
吾十有五而志于學	"나는 열다섯 살에 학문에 뜻을 두었고
三十而立	서른 살에 자립하였고
四十而不惑	마흔 살에 사리에 의혹하지 않았고
五十而知天命	쉰 살에 천명을 알았고
六十而耳順	예순 살에 귀로 들으면 그대로 이해되었고
七十而從心所欲	일흔 살에 마음에 하고자 하는 바를 좇아도
不踰矩	법도에 넘지 않았다."

▸ 志學(지학) 학문에 뜻을 둠. 15살을 일컬음.

▸ 而立(이립) 뜻이 확고하게 섬. 30살을 일컬음.

▸ 不惑(불혹) 미혹되거나 흔들리지 않음. 40살을 일컬음.

▸ 知天命(지천명) 천명을 앎. 50살을 일컬음.

▸ 耳順(이순) 귀로 들으면 그대로 이해됨. 60살을 일컬음.

▸ 從心(종심) 생각하는 대로 됨. 70살을 일컬음.

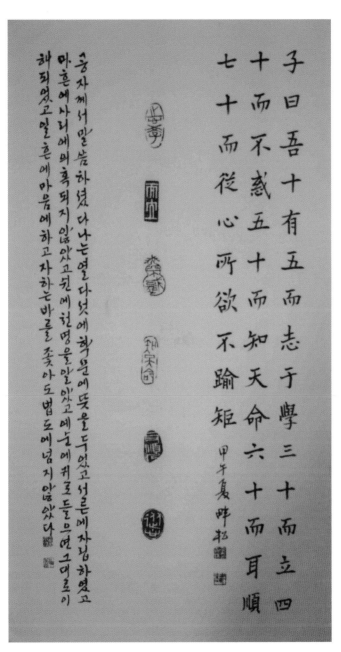

子曰吾十有五而志于學三十而立四
十而不惑五十而知天命六十而耳順
七十而從心所欲不踰矩 甲午夏畔松

공자께서말씀하셨다나는열다섯에뜻을두었고서른에자립하였고
마흔에사리에의혹되지않았고쉰에천명을알았고예순에귀로듣으면그대로이
해되었고일흔에마음에하고자하는바를좇아도법도에넘지않았다

志學 지학   26×50㎝

60. 進思盡忠 진사진충

나아가 진심을 다할 것을 생각하라

孔子曰 君子事君 進思盡忠 退思補過
將順其美 匡救其惡 故上下能相親也. 《小學》

孔子曰	공자가 말씀하셨다.
君子事君	"군자는 임금을 섬김에
進思盡忠	나아가서는 충성을 다할 것을 생각하고
退思補過	물러 나와서는 허물을 보충할 것을 생각하여
將順其美	그 아름다운 일을 뜻을 받들어 순종하고
匡救其惡	그 그른 일을 바로잡아 구제하니
故上下能相親也	그러므로 임금과 신하가 서로 친할 수 있다."

▶ 進思盡忠(진사진충) 나아가서는 진심을 다할 것을 생각함.

▶ 退思補過(퇴사보과) 물러 나와서는 허물을 보충할 것을 생각함.

▶ 相親(상친) 서로 친밀하게 지냄.

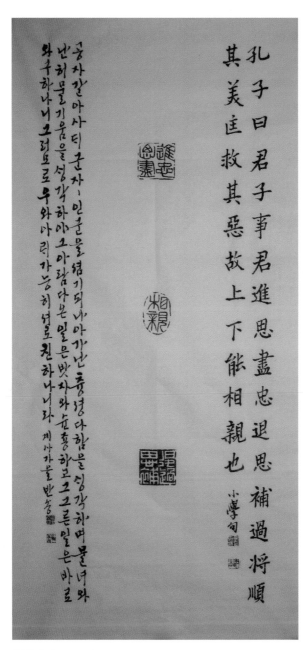

孔子曰君子事君進思盡忠退思補過將順
其美匡救其惡故上下能相親也 小學句

공자ㅣ 갈아사티 군자ㄴ 인군을 셤기되 나아가난 충셩다함을 싱각하며 믈너와
난 허믈을 기움을 싱각하ㅏ오 아람다운 일은 빗자와 슌흥하고오 그른 일은 바로
잡아나이오러로 우와아리가 능히 셔로 친하나니라 계ㅅ가늘 반송

進思盡忠 진사진충

26×67㎝

61. 懲忿窒慾징분질욕

분함을 징계하고 욕심을 막아라

懲忿窒慾 改過遷善 旣懲毋動 旣窒勿戀
旣改不再 旣遷莫變 足以自修 沒齒勖勉. <李德懋/自修箴>

自修箴	스스로 몸을 닦아 경계함.
懲忿窒慾	분함을 징계하고 욕심을 막으며
改過遷善	허물을 고쳐 착한 데로 옮기라.
旣懲毋動	이미 징계하였거든 행동하지 말고
旣窒勿戀	이미 막았거든 생각하지 말며
旣改不再	이미 고쳤거든 다시 하지 말고
旣遷莫變	이미 옮겼거든 변하지 말라.
足以自修	이것으로 자신을 닦을 수 있으니
沒齒勖勉	죽을 때까지 힘쓰라.

▸ 懲忿窒慾(징분질욕) 분함을 징계하고 욕심을 막음.

▸ 改過遷善(개과천선) 허물을 고쳐 착한 데로 옮김.

▸ 李德懋(이덕무 1741~1793) 조선 후기 학자. 본관 전주全州, 자 무관懋官, 호 형암炯庵·아정雅亭·청장관靑莊館·영처嬰處 등.

130

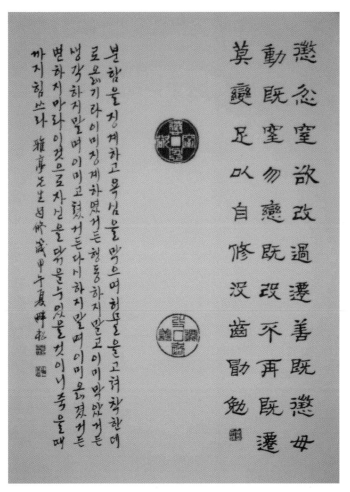

懲忿窒慾 징분질욕　　　　　　　　　　　28×38㎝

62. 採山釣水채산조수
나물 캐고 고기 낚아

讀書當日志經綸 歲暮還甘顔氏貧
富貴有爭難下手 林泉無禁可安身
採山釣水堪充腹 詠月吟風足暢神
學到不疑知快活 免敎虛作百年人. <徐敬德詩/讀書>

讀書	독서
讀書當日志經綸	독서하던 당시에 경륜에 뜻을 품어
歲暮還甘顔氏貧	세모에도 도리어 안회의 가난을 달게 여겼네.
富貴有爭難下手	부귀는 다툼이 있으니 손대기 어렵고
林泉無禁可安身	자연은 금함이 없어 몸을 편히 할 수 있네.
採山釣水堪充腹	나물 캐고 고기 낚아 배를 채울 만하고
詠月吟風足暢神	자연을 읊조리며 정신을 맑게 하네.
學到不疑知快活	학문에 의혹이 없음에 이르니 기쁨을 알았고
免敎虛作百年人	한 평생 헛된 삶은 면한 듯하네.

▸ 顔氏貧(안씨빈) 단사표음簞食瓢飮의 가난 속에서도 학문을 즐기며 청빈하
  게 생활한 공자의 제자 안회顔回의 삶을 말함.

▸ 採山釣水(채산조수) 나물 캐고 고기를 낚음.

▸ 詠月吟風(영월음풍) 바람을 읊고 달을 읊음. 맑은 바람을 쐬며 밝은 달을
  보고 시를 지음.

▸ 徐敬德(서경덕 1489~1546) 조선 중기 학자. 본관 당성唐城, 자 가구可久,
  호 복재復齋·화담花潭.

讀書當日志經綸 歲暮還甘顏氏貧
富貴有爭難下手 林泉無禁可安身
採山釣水堪充腹 詠月吟風足暢神
學到不疑知快活 免敎虛作百年人

癸巳冬 花潭先生泊讀書 畔松翁

독서하던당시에경륜에뜻을품어네모에도포리여안써의가난함을달게여겼네 부귀는다툼이있어손대기어렵고 자연은금함이없으니몸을편히할수있네나물 캐고기낚아배를채우고달과바람을읊조리며정신을맑게하네 학문이의혹 이없음에이르니기쁨을알아있고 헛평생헛된사람은면한듯하네

採山釣水채산조수　　　　　　　　　　　33×62cm

63. 處世柔貴 처세유귀

세상을 살아감에 온유함이 귀하다

處世柔爲貴　剛強是禍基
發言當若訥　臨事可如癡
急地常思緩　安時不忘危
一生從此誡　眞箇好男兒. <金友伋詩/自誡>

自誡	자신을 경계함.
處世柔爲貴	세상을 살아감에 온유함이 귀하며
剛強是禍基	굳세고 강함은 재앙의 근원이다.
發言當若訥	말을 함에 더듬듯이 하고
臨事可如癡	일에 임해서는 어리석은 듯이 하라.
急地常思緩	급할 때에는 항상 천천히 생각하고
安時不忘危	편안할 때는 위태로울 때를 잊지 마라.
一生從此誡	일생 이러한 계책에 따른다면
眞箇好男兒	진정 호남아이니라.

▶ 處世柔貴(처세유귀) 세상을 살아감에 온유함이 귀함.

▶ 剛強禍基(강강화기) 굳세고 강함은 재앙의 근원.

▶ 發言若訥(발언약눌) 말을 함에 더듬듯이 함.

▶ 臨事如癡(임사여치) 일에 임해서는 어리석은 듯이 함.

▶ 急常思緩(급상사완) 급할 때에는 항상 천천히 생각함.

▶ 安不忘危(안불망위) 편안할 때는 위태로울 때를 잊지 않음.

處世柔爲貴剛强是禍基 言當若訥
臨事可如癡 急地常思緩
安時不忘危
一生從此誡 真箇好男兒

秋潭先生問甲午夏畔松

세상을살아감에온유함이귀하며굳세고강함은재앙의원인이다말을함에더듬듯이하고일에임해서는어리석은듯이하라急할때에는항상천천히생각하고편안할때는위태로움때를잊지마라일생이러한계책을따른다면진정호남아이니라

處世柔貴 처세유귀   30×65㎝

64. 天衾地席 천금지석

하늘을 이불 삼고 땅을 자리 삼아

天衾地席山爲枕　月燭雲屛海作樽
大醉居然仍起舞　却嫌長袖掛崑崙. <震默大師詩>

天衾地席山爲枕	하늘을 이불로 땅을 자리로 산을 베개 삼고
月燭雲屛海作樽	달을 촛불로 구름을 병풍으로 바다를 술통 삼아
大醉居然仍起舞	흠뻑 취하여 거연히 일어나서 춤을 추니
却嫌長袖掛崑崙	행여 긴 소맷자락이 곤륜산에 걸릴까 염려하노라.

▶ 天衾地席(천금지석) 하늘을 이불로 땅을 자리로 삼음.

▶ 月燭雲屛(월촉운병) 달을 촛불로 구름을 병풍으로 삼음.

▶ 崑崙(곤륜) 곤륜산崑崙山. 곤산崑山. 중국 전설상의 하늘에 이르는 높은 산. 옥玉이 난다고 한다. 전국戰國시대 말부터는 서왕모西王母가 살며, 불사不死의 물이 흐르는 신선경神仙境이라 믿어졌다.

▶ 震默大師(진묵대사 1562~1633) 조선 중기 고승. 속명 일옥一玉, 법호 진묵震黙.

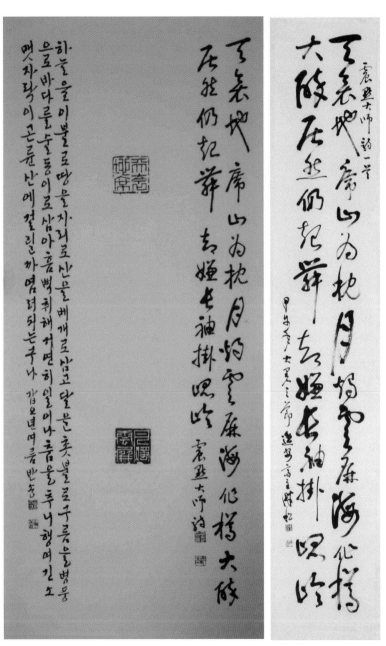

天衾地席 천금지석 24×53cm 35×200cm

65. 川流不息천류불식

냇물은 흘러 쉬지 않는구나

似蘭斯馨 如松之盛 川流不息 淵澄取映
容止若思 言辭安定 篤初誠美 愼終宜令. ≪千字文≫

似蘭斯馨	난초와 같이 향기가 나고
如松之盛	소나무처럼 무성하다.
川流不息	냇물은 흘러 쉬지 않고
淵澄取映	연못물이 맑으면 비침을 취할 수 있다.
容止若思	행동거지는 생각하는 듯이 하고
言辭安定	말은 안정되어야 한다.
篤初誠美	처음을 독실하게 함이 진실로 아름답고
愼終宜令	마침을 삼감은 마땅히 좋다.

▶ 如松之盛(여송지성) 소나무처럼 무성함. 소나무는 서리와 눈을 업신여기며 홀로 무성하니, 군자의 기절氣節이 우뚝함을 비유함.

▶ 川流不息(천류불식) 냇물은 흘러 쉬지 않음. 그 흐름이 쉬지 않으니, 군자가 힘쓰고 두려워하여 그치지 않음을 비유함.

▶ 容止若思(용지약사) 행동거지行動擧止는 엄숙하여 생각하는 듯이 함.

▶ 篤初愼終(독초신종) 처음을 독실하게 하고 마침을 삼감.

▶ 千字文(천자문) 중국 양梁나라 주흥사周興嗣가 지은 책. 사자일구四字一句, 천자千字로 되어 있다. 주흥사가 이 책을 하루만에 완성하느라 무척 고심하여 갑자기 머리가 하얗게 세었다 하여 백수문白首文이라고도함.

似蘭斯馨如松之盛川流不息
淵澄取暎容止若思言辭安定
篤初誠美慎終宜令 甲午夏 晖松

난초와 같이 향기가 나고 소나무 허렁 무성하며 냇물은 흘
러 쉬지 않고 연못 물은 맑으면 비침을 취할 수 있으며 행동
거지는 생각하는 듯이 하고 말은 안정되어야 하며 처음을 독
실하게 함이 진실로 아름답고 끝을 삼가함은 마땅히 좋다
군자문구 갑오년 여름 반송 김태수 새기고 쓰다

川流不息 천류불식   27×40cm

66. 靑山綠水청산녹수
푸른 산 푸른 물

산도 졀로졀로 녹수도 졀로졀로

산도 졀로 물도 졀로하니 산수간 나도 졀로

아마도 졀로 삼긴 인생이라 졀로졀로 늙사오려. <金麟厚時調/自然歌>

靑山自然自然 綠水自然自然

山自然 水自然 山水間我亦自然

已矣哉 自然生來人生 將自然自然老. <崔瑞琳/漢譯自然歌>

靑山自然自然	산도 졀로졀로
綠水自然自然	녹수도 졀로졀로
山自然 水自然	산도 졀로 물도 졀로하니
山水間 我亦自然	산수간 나도 졀로
已矣哉 自然生來人生	아마도 졀로 삼긴 인생이라
將自然自然老	졀로졀로 늙사오려.

▶ 靑山綠水(청산녹수) 푸른 산과 푸른 물.

▶ 金麟厚(김인후 1510～1560) 조선 전기 문신·학자. 본관 울산蔚山, 자 후지厚之, 호 하서河西·담재湛齋.

▶ 崔瑞琳(최서림 1632～1698) 조선 중기 학자. 본관 진주晉州, 자 여발汝發, 호 관곡寬谷.

青山自然〃
綠水自然〃
山自然水自然
山水間我亦自然
已矣我自然生來人生
將自然〃 老
甲午李畔松

청산도절로절로
녹수도절로절로
산도절로물도절로하니
산수간나도절로
아마도절로늙긴인생이라
절로절로늙사오리
李畔松先生님詩歌

靑山綠水 청산녹수　　　20×58㎝

67. 淸風明月청풍명월
맑은 바람 밝은 달

십 년을 경영하여 초려 한간 지어 내니,
반 간은 청풍이요 반 간은 명월이라.
강산은 들일 데 없으니 둘러두고 보리라. <金長生時調>

十年經營久　草屋一間設
半間淸風在　又半間明月
江山無置處　屛簇左右列. <李衡祥詩/陋巷樂>

陋巷樂	누항락
十年經營久	십 년 오랜 세월 경영하여
草屋一間設	초옥 한 칸을 지으니
半間淸風在	반 칸은 청풍
又半間明月	또 반 칸은 명월
江山無置處	강산을 둘 곳 없어
屛簇左右列	병풍삼아 좌우로 벌려 두리라.

▸ 淸風明月(청풍명월) 맑은 바람과 밝은 달. 아름다운 자연.

▸ 江山(강산) 강과 산. 자연의 경치.

▸ 金長生(김장생 1548~1631) 조선 중기 학자·문신. 본관 광산光山, 자 희
　원希元, 호 사계沙溪.

▸ 李衡祥(이형상 1653~1733) 조선 후기 문신. 본관 전주全州, 자 중옥仲玉,
　호 병와甁窩·순옹順翁.

십 년을 경영하여
초려 한 간 지어 내니
반 간은 청풍이오
반 간은 명월이라
강산은 들일 데 없으니
둘러 두고 보리라
少溪先生 時調
甲午 春 畔松

十年經營久
堂屋一間設
半間清風在
又半間明月
江山無置處
屏簇左右列
瓶窩先生隨筆樂

淸風明月 청풍명월　　　　　　　　27×55cm

68. 春風解凍춘풍해동

봄바람에 얼음이 녹듯

家人有過 不宜暴怒 不宜輕棄 此事難言 借他事 隱諷之 今日不悟
俟來日再警之 如春風解凍 如和氣消氷 纔是家庭的型範. ≪菜根譚≫

家人有過	집 안 사람이 잘못이 있으면
不宜暴怒	지나치게 화를 내서도 안 되고
不宜輕棄	가벼이 흘려버려서도 안 된다.
此事難言	그 일을 말하기 어려우면
借他事	다른 일을 빌어
隱諷之	넌지시 비유로 깨우쳐 주고
今日不悟	오늘 깨닫지 못하거든
俟來日	내일을 기다려
再警之	다시 타이르되
如春風解凍	봄바람에 언 것이 풀리듯
如和氣消氷	따뜻한 기운에 얼음이 녹 듯하여야
纔是家庭的型範	이것이 가정을 다스리는 법도이다.

▶ 春風解凍(춘풍해동) 봄바람에 언 것이 풀림.

▶ 和氣消氷(화기소빙) 따뜻한 기운에 얼음이 녹음.

家人有過不宜暴怒不宜輕棄此事難言借他
事隱諷之今日不悟俟來日再警之如春風解
凍如和氣消氷纔是家庭的型範 菜根譚句

하여야 이것이 가정을 다스리는 법도이다 갑오 입하절 반송 김례수
거든 내일을 기다려 다시 타이르되 봄바람에 언 것이 풀리듯 따뜻한 기운에 얼음이 녹듯
그 일을 말하기 어려우면 다른 일을 빌어 넌지시 비유로 깨우쳐 주고 오늘 깨닫지 못하
집안 사람이 잘못이 있으면 지나치게 화를 내서도 안 되고 가벼이 흘려 버려서도 안 된다

春風解凍춘풍해동　　　　　　28×60㎝

69. 春華秋實춘화추실
봄꽃과 가을 열매

夫學者猶種樹也 春玩其華 秋登其實

講論文章春華也 修身利行秋實也. ≪顔氏家訓≫

夫學者 猶種樹也	무릇 배움은 나무를 심는 것과 같으니
春玩其華	봄에는 꽃을 즐기고
秋登其實	가을에는 열매를 얻는다.
講論文章 春華也	문장을 강론함은 봄꽃이요
修身利行 秋實也	몸을 닦아 행동에 이롭게 함은 가을 열매이다.

▶ 春華秋實(춘화추실) 봄의 꽃과 가을의 열매라는 뜻으로, 외적인 아름다움
과 내적인 충실, 문조文藻나 덕행德行 혹은 문질文質이 뛰어남을 비유함.
▶ 顔氏家訓(안씨가훈) 중국 남북조南北朝 말 안지추顔之推(531~591)가 자
손을 위하여 저술한 교훈서.

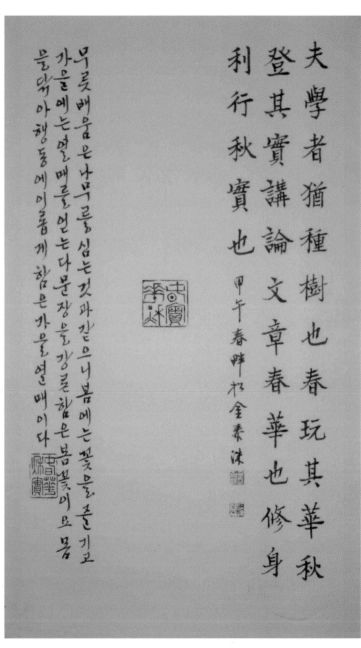

夫學者猶種樹也春玩其華秋
登其實講論文章春華也修身
利行秋實也 甲午春畔松金泰洙

무릇배움은 나무를 심는 것과 같으니 봄에는 꽃을 즐기고
가을에는 열매를 얻는다 문장을 강론함은 봄꽃이요 몸
을 닦아 행동에 이름게 함은 가을 열매이다

春華秋實춘화추실　　　　　　　　　　　　24×41㎝

70. 治心以敬 치심이경

마음을 공경으로 다스리다

心不治 不正 髮不理 不整

理髮 當以梳 治心 當以敬. <權韠/梳銘>

梳銘	소명
心不治	마음은 다스리지 않으면
不正	바르지 않고
髮不理	머리털은 빗지 않으면
不整	단정하지 않은 법이지.
理髮	머리털을 빗는 것은
當以梳	응당 빗으로 해야 하고
治心	마음을 다스리는 것은
當以敬	응당 경으로 해야 하리.

▸ 治心以敬(치심이경) 마음을 공경으로 다스림.

▸ 權韠(권필 1569~1612) 조선 중기 문인. 본관 안동安東, 자 여장汝章, 호 석주石洲.

心不治
不正
髮不理
不整
理髮
當以梳
治心
當以敬

石湖先生梳銘

마음은 다스리지 않으면
바르지 않고
머리는 빗지 않으면
단정하지 못하네
머리를 빗는 것은
응당 빗으로 해야하고
마음을 다스림은
응당 경으로 해야 하네

갑오년 봄 반송

治心以敬치심이경　　　　　　　24×41cm

71. 擇言簡重택언간중

말을 가려서 간략하고 신중하게

多言多慮 最害心術 無事 則當靜坐存心
接人 則當擇言簡重 時然後言 則言不得不簡 言簡者近道. ≪擊蒙要訣≫

多言多慮	말이 많고 생각이 많은 것은
最害心術	마음에 가장 해가 되니
無事	일이 없으면
則當靜坐存心	마땅히 고요히 앉아서 마음을 보존하고
接人	사람을 만날 때는
則當擇言簡重	마땅히 말을 가려서 간결하고 신중하게 하여
時然後言	때에 맞은 뒤에 말하면
則言不得不簡	말이 간결하지 않을 수 없을 것이니
言簡者近道	말이 간결한 것은 도에 가깝다.

▸擇言簡重(택언간중) 말을 가려서 간략하고 신중하게 함.
▸時然後言(시연후언) 때에 맞은 뒤에 말함.

150

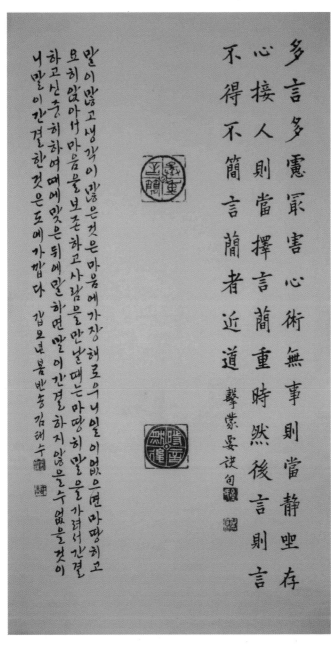

多言多慮衆害心術無事則當靜坐存
心接人則當擇言簡重時然後言則言
不得不簡言簡者近道　撃蒙要訣句

말이많고생각이많은것은마음에가장해로우니일이없으면마땅히
조히앉아서마음을보존하고사람을만날때는마땅히말을가려서간결
하고신중히하여때에맞은뒤에말이간결하지않으면안될것이
니말이간결한것은도에가깝다　갑오년봄반농김태수

擇言簡重택언간중　　　　　　　　　　　　　　27×50㎝

72. 表裏如一 표리여일

겉과 속은 한결같아야지

當正身心 表裏如一 處幽如顯 處獨如衆

使此心如靑天白日 人得而見之. ≪擊蒙要訣≫

當正身心	마땅히 몸과 마음을 바르게 하여
表裏如一	겉과 속이 한결같이 하여야 할 것이니
處幽如顯	깊숙한 곳에 있더라도 드러난 곳처럼 하고
處獨如衆	홀로 있더라도 여럿이 있는 듯처럼 하여
使此心如靑天白日	이 마음으로 하여금 푸른 하늘의 밝은 해를
人得而見之	사람들이 볼 수 있는 것처럼 하여야 한다.

▸ 正身心(정신심) 몸과 마음을 바르게 함.

▸ 表裏如一(표리여일) 안팎이 같음. 생각과 언행이 완전 일치함.

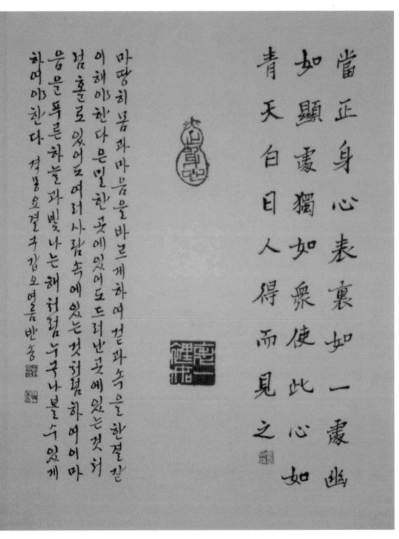

當正身心表裏如一晦幽
如顯處獨如眾使此心如
青天白日人得而見之

마땅히 몸과 마음을 바르게 하여 겉과 속을 한결같
이 해야한다 은밀한 곳에 있어도 드러난 곳에 있는 것처
럼 홀로 있어도 여러 사람 속에 있는 것처럼 하여야 마
음을 푸른 하늘과 빛나는 해처럼 누구나 볼 수 있게
하여야 한다 격몽오결 구갑오여름 반송

表裏如一표리여일   28×35cm

153

73. 學而時習학이시습

배우고 때로 익히다

子曰 學而時習之 不亦說乎
有朋自遠方來 不亦樂乎
人不知而不慍 不亦君子乎. ≪論語≫

子曰	공자께서 말씀하셨다.
學而時習之	"배우고 그것을 때때로 익히면
不亦說乎	기쁘지 않겠는가?
有朋自遠方來	벗이 있어 먼 지방으로부터 찾아온다면
不亦樂乎	즐겁지 않겠는가?
人不知而不慍	남들이 알아주지 않더라도 서운해 하지 않는다면
不亦君子乎	군자가 아니겠는가?"

▸學而時習(학이시습) 배우고 때로 익힘. 배운 것을 항상 복습하고 연습하면
그 참 뜻을 알게 됨.

子曰學而時習之不亦說乎有朋自遠方來
不亦樂乎人不知而不慍不亦君子乎 論語句

공자께서말씀하셨다배우고때로그것을익히면기쁘지
않겠는가벗이있어먼곳으로부터찾아온다면즐겁지않
겠는가남이알아주지않더라도성을해하지않는다면
군자가아니겠는가 계사년경우반송김태수

學而時習학이시습   25×45㎝

155

74. 行不由徑행불유경
샛길로 가지 않는다

子游爲武城宰 子曰 女得人焉爾乎
曰有澹臺滅明者 行不由徑 非公事 未嘗至於偃之室也. ≪論語≫

子游爲武城宰	자유가 무성의 읍재邑宰가 되었는데
子曰	공자께서 물으셨다.
女得人焉爾乎	"너는 인물을 얻었느냐?"
曰	자유가 답하였다.
有澹臺滅明者	"담대멸명澹臺滅明이라는 자가 있는데
行不由徑	길을 감에 지름길을 따르지 않으며
非公事	공적인 일이 아니면
未嘗至於偃之室也	일찍이 저의 집에 이른 적이 없습니다."

▸ 子游(자유) 공자 문하의 십철十哲의 한 사람. 성은 언言, 이름은 언偃, 자
  유子游는 그의 자.
▸ 行不由徑(행불유경) 길을 감에 샛길로 가지 아니함. 길을 가는데 지름길을
  취하지 아니하고 큰 길로 간다는 뜻으로 행동을 공명정대하게 함을 비유함.

子游爲武城宰 子曰女得人焉爾乎 曰有

澹臺滅明者 行不由徑 非公事未嘗至

於偃之室也　論語句 甲午春 群松

자유가 무성의 읍재가 되었다. 공자께서 너는 인물
을 얻었느냐고 묻자 자유는 담대멸명이라는 자가 있는
데길을 감에 지름길을 따르지 않으며 공적인 일이
아니면 저의 집에 이른 적이 없습니다 라고 하였다.

行不由徑 행불유경　　　　　　　　　　27×37㎝

75. 香遠益淸 향원익청

향기는 멀수록 더욱 맑네

蓮之出於淤泥 而不染 濯淸漣 而不妖 中通外直
不蔓不枝 香遠益淸 亭亭靜植 可遠觀 而不可褻翫焉. <愛蓮說>

蓮之出於淤泥	연꽃은 진흙에서 나왔으나
而不染	물들지 아니하고
濯淸漣	맑고 잔잔한 물에 씻겼으나
而不妖	요염하지 않고
中通外直	속은 비었고 밖은 곧으며
不蔓不枝	덩굴도 뻗지 않고 가지를 치지 아니하며
香遠益淸	향기는 멀수록 더욱 맑고
亭亭靜植	꼿꼿하고 깨끗하게 서 있어
可遠觀	멀리서 바라볼 수는 있으되
而不可褻翫焉	함부로 가지고 놀 수 없다.

▶ 中通外直(중통외직) 가운데가 비었어도 바깥은 곧음. 군자의 마음이 도리
  에 통하고 품행이 꼿꼿함을 뜻함.
▶ 香遠益淸(향원익청) 향기는 멀수록 더욱 맑음.
▶ 愛蓮說(애련설) 중국 송宋나라의 학자 주돈이周敦頤(1017~1073)가 지은
  글로 연蓮을 군자에 비유함.

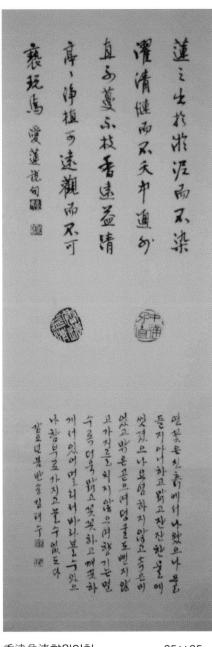

香遠益淸 향원익청   25×65㎝

76. 好學호학

학문을 좋아하다

子曰 君子食無求飽 居無求安 敏於事而愼於言
就有道而正焉 可謂好學也已. ≪論語≫

子曰	공자께서 말씀하셨다.
君子食無求飽	"군자는 먹음에 배부름을 구하지 않으며
居無求安	거함에 편안함을 구하지 않으며
敏於事 而愼於言	일을 민첩히 하고 말을 삼가며
就有道 而正焉	도가 있는 데에 나아가 질정質正한다면
可謂好學也已	학문을 좋아한다고 이를 만하다."

▶ 好學(호학) 학문學問을 좋아함.

160

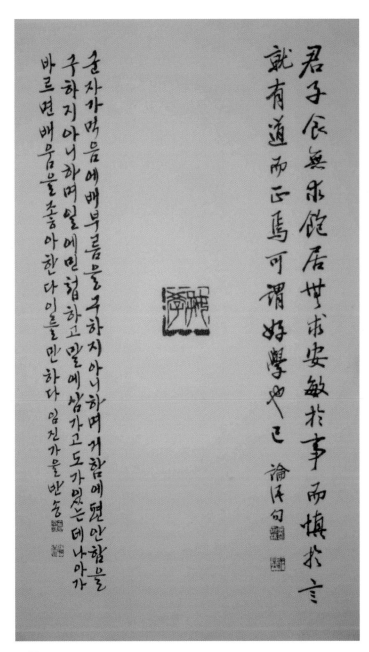

君子食無求飽居無求安敏於事而慎於言
就有道而正焉可謂好學也已 論語句

군자가 먹음에 배부름을 구하지아니하며 거함에 편안함을
구하지아니하며 일에 민첩하고 말에 삼가고도 가있는 데 나아가
바르면 배움을 좋아 한다 이를 만 하다 임진가을 반송

好學호학   24×42cm

77. 何陋之有하루지유

무슨 누추함이 있으리오

山不在高 有仙則名 水不在深 有龍則靈 斯是陋室 唯吾德馨
苔痕上階綠 草色入簾青 談笑有鴻儒 往來無白丁 可以調素琴閱金經 無絲竹
之亂耳 無案牘之勞形 南陽諸葛廬 西蜀子雲亭 孔子云 何陋之有. <陋室銘>

陋室銘	누실명
山不在高	산이 높지 않아도
有僊則名	신선이 있으면 명산이요.
水不在深	물이 깊지 않아도
有龍則靈	용이 있으면 신령한 물이네.
斯是陋室	이곳은 누추한 집이나
惟吾德馨	오직 나의 덕은 향기롭다네.
苔痕上階綠	이끼는 계단에 올라 푸르고
草色入簾青	풀빛은 발에 들어와 파랗네.
談笑有鴻儒	담소하는 훌륭한 선비가 있을 뿐
往來無白丁	왕래하는 천한 사람은 없네.
可以調素琴閱金經	소박한 거문고를 타고
	좋은 경전을 읽을 수 있네.
無絲竹之亂耳	음악이 귀를 어지럽히지 않고
無案牘之勞形	관청의 서류가 몸을 수고롭게 하지 않네.
南陽諸葛廬	남양 제갈량諸葛亮의 초가집이요.
西蜀子雲亭	서촉 양자운楊子雲의 정자라네.
孔子云	공자께서 이르기를
何陋之有	"무슨 누추함이 있겠는가?"라 하셨네.

▸ 德馨(덕형) 덕의 향기. 향기를 풍기는 덕.

▸ 諸葛亮(제갈량 181~234) 중국 삼국시대三國時代 촉한蜀漢의 정치가. 자 공명孔明, 시호諡號 충무忠武·무후武侯. 원래 남양南陽에 은거하고 있었 는데 유비劉備의 삼고초려三顧草廬에 감격하여 세상에 나와 그를 도와서 촉한蜀漢을 세움.

▸ 子雲(자운) 중국 전한前漢의 유학자 양웅楊雄(BC. 53~18)의 자. 촉군蜀郡 성도成都 출생.

▸ 何陋之有(하루지유) 공자께서 구이九夷에 살려고 하시니, 혹자가 말하기를 "<그곳은> 누추하니, 어떻게 하시렵니까?"하였다. 이에 공자께서 대답하 셨다. "군자가 거주한다면 무슨 누추함이 있겠는가?"(子欲居九夷 或曰 陋 如之何 子曰 君子居之 何陋之有. ≪論語≫)

▸ 陋室銘(누실명) 중국 당唐나라 시인 유우석劉禹錫(772~842)이 지은 자계 自戒의 글.

陋室銘

山不在髙有仙則名水不在深有龍則靈斯是陋室惟吾
德馨苔痕上階綠草色入簾青談笑有鴻儒往來無白丁
可以調素琴閱金經無絲竹之亂耳無案牘之勞形南陽諸
葛廬西蜀子雲亭孔子云何陋之有

陋室銘癸巳晚秋眸松

산이 높지 않아도 신선이 있으면 명산이요 물이 깊지 않아도 용이 있으면 신령스러운 물
이다 이 곳은 누추한 집이나 오직 나의 덕은 향기롭다네 이끼는 섬돌에 올라와 파랗고
풀빛은 발에 들어와 파랗네 담소하는 후덕한 선비가 있을 뿐 오가는 천한 사람은
없네 소박한 거문고를 타고 좋은 경전을 볼 만하네 음악이 취를 어지럽히지 않으
며 관청의 서류가 몸을 수고롭게 하지 않네 남양 제갈량의 초가요 서촉 양자운의
정자라네 중자께서 순자 가거니 침에 무슨 누추함이 있겠는가 하였네 비

何陋之有 하루지유   35×65cm

김태수(金泰洙) ————————————————————

號: 畔松(반송)·逸樂齋(일락재)

檀國大學校 漢文教育科 卒業
檀國大學校 漢文學科 博士課程 修了
前) 서울中東高等學校 漢文教師
　　大韓民國書藝大展 招待作家·審査歷任
　　韓國書藝家協會·韓國書藝포럼·以書會 會員
現) 檀國大·서울教大·同德女大 講師

秋史流配期 漢詩研究
六書尋源考
金石叢話譯
梅月堂詩書藝散策
漢文文法

새김과 서예를 만나다
한문명구

초판인쇄　2015년 1월 23일
초판발행　2015년 1월 23일

지은이　김태수
펴낸이　채종준
펴낸곳　한국학술정보㈜
주소　경기도 파주시 회동길 230(문발동)
전화　031) 908-3181(대표)
팩스　031) 908-3189
홈페이지　http://ebook.kstudy.com
전자우편　출판사업부　publish@kstudy.com
등록　제일산-115호(2000. 6. 19)

ISBN　978-89-268-6803-4 93710